जवानी + पैसा + आज़ादी

= तबाही

वो brutal formula जो ज़्यादातर लोगों की ज़िंदगी बर्बाद कर देता है

– और उससे बाहर कैसे निकलें

Harjindersingh Saini

B.E. (E&TC) | Independent Research Analyst / Trading Mindset Coach

प्रकाशित: भारत में। प्रथम संस्करण, 2025।

YouTube: youtube.com/@tradewithjindu

Instagram: instagram.com/jindu_official

Facebook: facebook.com/jindu7987

Email: harjinder7987@gmail.com

मेरे दादाजी के लिए –

जिन्होंने बिना किसी दबाव के मार्गदर्शन किया, और बिना शर्त प्यार दिया।

और हर उस जवान इंसान के लिए जो अभी सुन नहीं रहा।

एक दिन समझ आएगा।

यह किताब तब भी तुम्हारा इंतज़ार करेगी।

विषय-सूची

प्रस्तावना – i

भूमिका – vi

1 वो Formula जो किसी ने नहीं बताया 1

तूफान को समझें – उससे पहले कि वह आपको समझे

2 जवानी – ***सबसे बड़ी ताकत, सबसे बड़ा धोखा*** 11

3 पैसा – ***वो परीक्षा जो आप दे रहे थे – बिना जाने*** 24

4 आज़ादी – ***जब कोई नहीं देख रहा, आप कौन हैं?*** 42

5 अहंकार, लत और गलत संगति 58

तीन मूक विनाशक जो सूत्र पूर्ण होने पर सक्रिय होते हैं

6 धैर्य – ***वह कौशल जो कोई नहीं सिखाता*** 82

7 समझदारी कहाँ से लाएं 97

जब कोई देने वाला नहीं – बुद्धिमत्ता फिर भी उपलब्ध है

8	पहले खुद को जानें- ***आप कौन हैं***	117
9	Formula दोबारा लिखें	135
	युवावस्था + पैसा + आज़ादी + समझदारी = जीवन का सर्वोच्च मुकाम	
अंतिम बात	–	153
लेखक के बारे में	–	155
आभार	–	159

प्रस्तावना

"काश किसी ने यह बात पैसा आने से पहले मुझे बता दी होती।"

मैंने अपने पिता को तब खो दिया था, जब मैं केवल एक वर्ष का था। यदि उन दो लोगों का सहारा न होता, तो शायद सब कुछ वहीं समाप्त हो जाता – मेरे चाचाजी और मेरे दादाजी।

मेरे चाचाजी और दादाजी ने मिलकर ज़िम्मेदारी उठाई। दोनों ने पूरी तरह संभाला – पढ़ाई, परवरिश, सब कुछ। सत्रह साल तक उनकी देखरेख में रहा। उनका साया था – तो दिशा थी, सुरक्षा थी।

फिर मेरे चाचाजी संयुक्त राज्य अमेरिका चले गए। और उनके साथ वह बाहरी सहारा भी चला गया, जिसने अब तक सब कुछ व्यवस्थित रखा था। मेरे दादाजी अब भी थे – हमेशा मौजूद, हमेशा सहायक। लेकिन मैं युवा था, और युवावस्था अपने साथ एक अलग तरह की जिद लेकर आती है। मेरे दादाजी ने कभी मुझसे बहस नहीं की। उन्होंने कभी अपने विचार मुझ पर थोपे

नहीं। वे बस चुपचाप मेरे फैसलों के साथ खड़े रहे – जैसे एक समझदार व्यक्ति खड़ा रहता है, जब उसे पता होता है कि कुछ सीखें केवल जीकर ही समझी जा सकती हैं।

साल 2012 में, मेरे चाचाजी ने अपनी एक संपत्ति बेची और उसकी आधी राशि मुझे दे दी। उन्होंने मुझे फोन किया, मेरा हौसला बढ़ाया और साफ शब्दों में कहा, "यह पैसा लो। अगर तुम्हें व्यवसाय शुरू करना है – तो करो, कुछ बनाओ।" यह सच्चे प्रेम और विश्वास का प्रतीक था। पच्चीस वर्ष की उम्र में, मेरे हाथ में पहली बार इतना पैसा आया था। मेरे पास अपने फैसले खुद लेने की पूरी आज़ादी थी और मेरे भीतर वह ऊर्जा और आत्मविश्वास था जो युवावस्था अपने साथ लाती है। युवा। पैसा। आज़ादी। सूत्र पूरा हो चुका था – और मुझे ज़रा भी अंदाज़ा नहीं था कि यह संयोजन क्या कर सकता है।

उस समय मैं सिविल सेवा परीक्षाओं की तैयारी कर रहा था – एक ऐसी सरकारी नौकरी की ओर बढ़ रहा था, जिसके लिए मुझे अपना शहर छोड़ना पड़ता और अपने दादाजी से दूर जाना पड़ता। जब पैसा आया, तो मेरी सोच बदल गई। अब मेरे पास पैसा था। मैं व्यवसाय शुरू कर सकता था। मैं यहीं रह सकता था – अपने दादाजी के पास – और साथ ही कुछ बना भी सकता था। यह

निर्णय उस समय एकदम सही लगा। इसलिए मैंने हमारे पारिवारिक ढाबे में निवेश किया – वही छोटा रेस्टोरेंट, जहाँ मैं बचपन से काम करता आया था – और उसे आधुनिक रूप देने की शुरुआत की। यह लालच से नहीं था, बल्कि प्रेम से था। मेरे पास उस निर्णय के अनुरूप वित्तीय ज्ञान नहीं था। मुझे रोकने वाला कोई नहीं था। और निवेश के बीच में ही मेरे दादाजी का निधन हो गया।

रेस्टोरेंट संघर्ष करता रहा। मैंने फिर से खड़े होने के लिए ट्रेडिंग में कदम रखा। वहाँ भी नुकसान हुए। फिर 2020 में कोविड आया – और उसने वह सब खत्म कर दिया, जो पिछली गलतियों ने शुरू किया था। आर्थिक संकट। मानसिक स्थिति अपने सबसे निचले स्तर पर। और जो कुछ भी बनाने की कोशिश की थी – सब समाप्त।

फिर कुछ बदलने लगा।

धीरे-धीरे, और दर्द के साथ। जब मैंने शून्य से दोबारा शुरुआत की – इस बार सही ज्ञान, वास्तविक अनुशासन और वह वित्तीय समझ लेकर, जो मुझे पैसे मिलने से पहले होनी चाहिए थी –

तब मुझे साफ दिखाई देने लगा कि वास्तव में हुआ क्या था। यह बदकिस्मती नहीं थी। यह एक सूत्र था। युवा + पैसा + आज़ादी, बिना समझदारी के, जीवन की शुरुआती असफलताओं के लिए सबसे अनुकूल परिस्थितियाँ बना देता है। मैंने इसे पूरी तरह जिया था। और जब यह समझ आई, तो दूसरों को इससे बचाने का संकल्प भी आया।

यही कारण है कि यह पुस्तक अस्तित्व में आई है।

मेरी कहानी सुनाने के लिए नहीं, बल्कि आपको वह मार्ग दिखाने के लिए, जो मेरे पास कभी नहीं था। चाहे आप एक युवा हों, जिसके हाथ में आज पैसा और आज़ादी है – या एक माता-पिता, जिसने अपने बच्चे को समझाने की कोशिश की हो और देखा हो कि उसकी बात अनसुनी रह गई – यह पुस्तक वही ईमानदार बातचीत है, जो पहले होनी चाहिए थी।

जब तक आप इस किताब को पूरा करेंगे, तब तक आप इस फ़ॉर्मूला को समझ चुके होंगे – और यह भी जान जाएंगे कि उसमें वह एक तत्व कैसे जोड़ना है जो सब कुछ बदल देता है।

यह सूत्र वास्तविक है। इसका खतरा वास्तविक है। और इसका समाधान भी वास्तविक है।

आइए, शुरुआत करते हैं।

– Harjindersingh Saini

Independent Research Analyst / Trading Mindset Coach

भूमिका

तूफान असली है – और शायद आप उसमें पहले से हों

इस समय, कहीं न कहीं एक युवा किसी बड़ी चीज़ के किनारे खड़ा है। शायद उसे ऐसे पिता से धन मिला है, जो बहुत जल्दी चले गए। शायद उसका व्यवसाय उम्मीद से तेज़ चल पड़ा है। शायद किसी रिश्तेदार ने उसे एक बड़ी राशि दी है और कहा है – "इससे कुछ करो।" या शायद उसे अपनी पहली वास्तविक तनख्वाह मिली है और पहली बार उसके खाते में दिखने वाली राशि उसे आज़ादी जैसी महसूस हो रही है।

और इसी समय, कहीं एक माता-पिता अपने बच्चे को ऐसे निर्णय लेते हुए देख रहे हैं, जो उन्हें डराते हैं। उन्होंने समझाने की कोशिश की है। उन्होंने चेतावनी दी है। लेकिन उनकी बातें कहीं नहीं पहुँचीं। बच्चा पूरी तरह आश्वस्त है कि वह बेहतर जानता है – क्योंकि युवावस्था हमेशा ऐसा ही सोचती है।

यह पुस्तक उन दोनों के लिए है।

आपके हाथ में जो है, वह कोई उपदेश नहीं है। यह नियमों की सूची नहीं है। यह आपके निर्णयों या व्यक्तित्व का कोई मूल्यांकन नहीं है।

यह एक नक्शा है।

एक ऐसा नक्शा, जो उस विशेष परिस्थिति को समझाता है, जब तीन शक्तिशाली तत्व – युवावस्था, पैसा और आज़ादी – एक साथ किसी व्यक्ति के जीवन में आते हैं। यह उन खतरों का नक्शा है, जो इस परिस्थिति के भीतर छिपे होते हैं। और यह उस रास्ते का भी नक्शा है, जो सुरक्षित रूप से आपको इससे पार ले जाता है।

तूफान दुश्मन नहीं है। उसमें होने का पता न होना – यही असली खतरा है।

अधिकांश लोग इस सूत्र को तभी समझते हैं, जब सब कुछ टूट चुका होता है। यह पुस्तक इसलिए है, ताकि यह समझ आपको सब कुछ खोने की कीमत पर न मिले।

इसे खुले मन से पढ़ें। यह कहने की इच्छा को रोकें – "यह मेरे बारे में नहीं है।" यही आप हैं। यही मैं था। यही वे लाखों युवा हैं, जो आपसे पहले आए, और वे भी जो आपके बाद आएँगे।

यह सूत्र वास्तविक है। इसका खतरा वास्तविक है। और इसका समाधान – वह चौथा तत्व जो सब कुछ बदल देता है – वह भी वास्तविक है।

आइए, शुरुआत करते हैं।

अध्याय 1

वो Formula जो किसी ने नहीं बताया

तूफान को समझें – उससे पहले कि वह आपको समझे

"वे नहीं बचते जो सबसे ताकतवर हैं या सबसे होशियार – बचते हैं वे जो सबसे जल्दी बदलते हैं।"

– Charles Darwin

एक सीधा प्रश्न।

क्या आप युवा हैं? क्या आपके पास पैसा है – विरासत में मिला हो, कमाया हो, उपहार में प्राप्त हुआ हो, या हाल ही में आया हो? क्या आपको आज़ादी है – अपने निर्णय स्वयं लेने की, बिना किसी के हस्तक्षेप के?

यदि तीनों का उत्तर हाँ है – तो यह अध्याय इस वर्ष आपके पढ़े हुए सबसे महत्वपूर्ण पृष्ठ हो सकते हैं।

यह इसलिए नहीं कि आपमें कोई कमी है। यह इसलिए है क्योंकि इन तीनों तत्वों का एक साथ आना एक ऐसी परिस्थिति उत्पन्न करता है, जिसके लिए अधिकांश युवा बिल्कुल तैयार नहीं होते।

और तैयारी ही वह एकमात्र अंतर है, जो निर्माण करने वालों को बर्बाद होने वालों से अलग करती है।

तीन तत्व

सूत्र को समझने से पहले – आइए इन तीनों को ईमानदारी से अलग-अलग देखें।

युवावस्था।

युवावस्था केवल एक उम्र नहीं है। यह ऊर्जा की वह अवस्था है जो आपको किसी से भी अधिक परिश्रम करने में सक्षम बनाती है। यह वह आत्मविश्वास है जो आपको बिना किसी भय के हर जगह ले जाता है। यह वह साहस है जो बड़े और सतर्क लोग कभी नहीं दिखा पाते। और यह वह भावना है – कभी-कभी सही, कभी-कभी अत्यंत खतरनाक – कि आप अलग हैं, कि जो नियम दूसरों पर लागू होते हैं, वे आप पर नहीं होते।

युवावस्था वास्तव में असाधारण है। दुनिया के सबसे बड़े व्यवसाय, आंदोलन और आविष्कार – सभी किसी न किसी युवा ने शुरू किए हैं। युवावस्था की ऊर्जा, यदि सही दिशा में लगाई जाए, तो मानव इतिहास की सबसे बड़ी शक्तियों में से एक है। ध्यान दें – सही दिशा में।

पैसा।

पैसा एक उपकरण है – बस इतना। परंतु यह एक ऐसा उपकरण है जो विस्तार करता है। आप जो भी हैं – अनुशासित या लापरवाह, केंद्रित या बिखरे हुए – पैसा आपको और अधिक वैसा ही बना देता है। ज्ञान और धैर्य के साथ पैसा संपदा बनाता है। इनके बिना पैसा तेज़ी से जलता है और कुछ नहीं छोड़ता।

अचानक आया पैसा विशेष रूप से खतरनाक होता है – इसलिए नहीं कि पैसा खतरनाक है, बल्कि इसलिए कि वह उस समझदारी के बिना आता है जो उसे संभालने के लिए आवश्यक है। पैसा पहले आता है। समझदारी बाद में आनी थी। अधिकांश के लिए – वह कभी नहीं आती।

आज़ादी।

आज़ादी एक सपना है। न कोई निगरानी, न किसी को जवाब देना। न कोई माता-पिता जो आपके फैसलों पर नजर रखें, न कोई नियोक्ता जो आपके समय को नियंत्रित करे, और न ही कोई संरचना जो आपको रुककर सोचने के लिए मजबूर करे। आप जो चाहें कर सकते हैं, जब चाहें कर सकते हैं, और जिसके साथ चाहें कर सकते हैं। यह सुनने में मंज़िल जैसा लगता है।

अधिकांश युवाओं के लिए, आज़ादी वही है जिसके लिए वे पूरी ज़िंदगी प्रयास करते रहे हैं।

लेकिन जवाबदेही के बिना आज़ादी, मुक्ति नहीं होती। वह तो बस बिना ब्रेक वाली एक तेज़ रफ्तार गाड़ी है। और जब टक्कर होती है–और चौथे तत्व के बिना, वह हमेशा होती है–तो उसके झटके को संभालने वाला कोई नहीं होता। क्योंकि आज़ादी का एक मतलब यह भी है: अपने परिणामों के साथ अकेले होना।

पाँच संयोजन – और केवल एक बचाता है

"यही वह नक्शा है जिसे बहुत कम लोग किसी युवा को समय रहते दिखाते हैं। और यही वह नक्शा है जिसे जीवन के बाद के वर्षों में अधिकांश लोग देखकर सोचते हैं – काश यह हमें पहले मिला होता।"

युवावस्था + पैसा – परंतु आज़ादी नहीं

कोई और अब भी नियंत्रण में है – माता-पिता, अभिभावक, या कोई संस्था। पैसा मौजूद है, लेकिन फैसलों पर निगरानी रखी जाती है।

नुकसान सीमित रहता है। सबसे खराब आवेगों पर रोक लगी रहती है। यह स्थिति संभालने योग्य होती है – इसलिए नहीं कि आपके भीतर असाधारण समझदारी है, बल्कि इसलिए कि आपके आसपास की व्यवस्था आपकी गलतियों को इतना बड़ा बनने से पहले ही पकड़ लेती है कि वे विनाशकारी रूप ले सकें।

पैसा + आज़ादी – परंतु युवावस्था नहीं

उम्र के साथ कुछ सावधानी आ जाती है। युवावस्था की आक्रामकता धीमी पड़ जाती है। जिम्मेदारियाँ–परिवार, प्रतिष्ठा, स्वास्थ्य–लापरवाह फैसलों पर एक स्वाभाविक ब्रेक लगा देती हैं। आज़ादी भी होती है और पैसा भी, लेकिन वह युवा आग, जो हर चीज़ को तात्कालिक और अजेय बना देती थी, अब ठंडी पड़ चुकी होती है। सोच अधिक संतुलित हो जाती है। और जीवन अधिक सुरक्षित हो जाता है।

युवावस्था + आज़ादी – परंतु पैसा नहीं

ऊर्जा और स्वतंत्रता तो होती है, लेकिन संसाधन नहीं होते। आप गलतियाँ कर सकते हैं, लेकिन उन गलतियों का पैमाना स्वाभाविक रूप से सीमित रहता है। आप दिशा सुधार सकते हैं। आप फिर से शुरुआत कर सकते हैं। बड़े पैमाने पर धन का

अभाव वास्तव में आपकी रक्षा करता है—खोने के लिए बहुत कम होता है, और परिणाम, भले ही वास्तविक हों, संभाले जा सकते हैं।

युवावस्था + पैसा + आज़ादी = अधिकतम खतरा

तीनों ब्रेक एक साथ हट जाते हैं। युवावस्था सावधानी को कम कर देती है। पैसा सीमाओं को हटा देता है। और आज़ादी जवाबदेही को खत्म कर देती है। आप एक खुली सड़क पर पूरी रफ्तार से गाड़ी चला रहे होते हैं—न कोई नक्शा, न कोई गति-सीमा, और न ही साथ बैठा कोई व्यक्ति जो आपको रोक सके। दुर्घटना निश्चित नहीं होती, लेकिन उसकी संभावना जीवन के किसी भी और समय से अधिक होती है।

यह कोई निर्णय नहीं है। यह गणित है। जब तीन स्वाभाविक नियंत्रण एक साथ हटा दिए जाते हैं, तो पूरा तंत्र अस्थिर हो जाता है। यही वह चरण है, जहाँ जीवन की शुरुआती आर्थिक विफलताएँ सबसे अधिक होती हैं। यहीं आदतें लत में बदलती हैं। यहीं गलत फैसले स्थायी परिणाम बन जाते हैं। और यहीं टकराव होता है—इसलिए नहीं कि आप गलत व्यक्ति हैं, बल्कि इसलिए

कि किसी ने आपको बताया ही नहीं कि आप किस दिशा में बढ़ रहे थे।

युवावस्था + पैसा + आज़ादी + समझदारी = जीवन का सर्वोच्च मुकाम

यही वह सूत्र है जो सब कुछ बदल देता है। इसमें चौथा तत्व–समझदारी–जोड़ दीजिए, और वही संयोजन जो विनाश करता है, निर्माण करने लगता है। क्योंकि समझदारी ही ब्रेक है। समझदारी ही नक्शा है। समझदारी ही वह आवाज़ है जो कहती है: रुकिए, स्पष्ट सोचिए, और लंबी सोच के साथ आगे बढ़िए।

समझदारी का स्रोत केवल पिता ही नहीं होते–हालाँकि स्वाभाविक रूप से यह वहीं से आनी चाहिए। यह किसी मार्गदर्शक, किसी कोच, किसी पुस्तक, किसी समुदाय, या ऐसे व्यक्ति से भी आ सकती है, जिसने पहले ही उस टकराव को झेला हो और जो अपने अनुभव साझा करने को तैयार हो। समझदारी हर किसी के लिए उपलब्ध है, लेकिन इसे स्वयं खोजकर अपनाना पड़ता है। यह खुद चलकर आपके पास नहीं आएगी।

यह पीढ़ी अधिक संवेदनशील क्यों है

युवाओं के पास हमेशा से युवावस्था रही है। पैसा और आज़ादी भी हमेशा किसी न किसी तरह कुछ युवाओं तक पहुँचते रहे हैं। यह नया नहीं है। नया है–वातावरण।

आज का वह युवा, जिसके पास पैसा और आज़ादी है, पहले की किसी भी पीढ़ी की तुलना में अधिक प्रलोभनों, अधिक भटकाव, अधिक गलत सलाह और अधिक प्रदर्शन के दबाव से घिरा हुआ है–सोशल मीडिया पर, साथियों के सामने, और दुनिया के सामने। जीवनशैली का बढ़ाव तुरंत होता है। तुलना लगातार बनी रहती है। और सफलता को हासिल करने से पहले ही उसे दिखाने का दबाव कभी रुकता नहीं।

और उसी समय–वित्तीय शिक्षा लगभग शून्य है। स्कूल इसे नहीं सिखाते। अधिकांश परिवार इस पर बात नहीं करते। और वे पिता, जो इसे आगे बढ़ा सकते थे, या तो अब नहीं हैं, अनुपस्थित हैं, या उन्होंने स्वयं यह कभी नहीं सीखा।

यह कोई बहाना नहीं है। यह एक संदर्भ है। और इस संदर्भ को समझना ही इसे सही तरीके से संभालने की पहली सीढ़ी है।

सबसे खतरनाक व्यक्ति वह नहीं है जो कुछ नहीं जानता। वह है जो इतना जानता है कि आश्वस्त है – परंतु सुरक्षित रहने के लिए जितना चाहिए, उतना नहीं।

हो सकता है कि इस समय आप वही व्यक्ति हों। यह कोई अपमान नहीं है। मैं भी वही था। और अधिकांश युवा भी वही होते हैं, जब वे एक साथ इन तीनों तत्वों को अपने हाथ में पाते हैं। आत्मविश्वास वास्तविक लगता है–और कई मायनों में वह वास्तविक होता भी है। आप सक्षम हैं, आप ऊर्जावान हैं, आपके पास संसाधन हैं। लेकिन क्षमता और समझदारी एक ही चीज़ नहीं हैं। और इन्हें एक जैसा समझ लेना ही इस सूत्र की पहली गलती है।

आगे आने वाले अध्याय इन हर एक खतरे को विस्तार से समझाएँगे–अहंकार, लत, गलत संगति, अधैर्य, वित्तीय अज्ञान और पहचान का भ्रम–और आपको स्पष्ट रूप से दिखाएँगे कि यह कैसा दिखता है, क्यों होता है, और सबसे महत्वपूर्ण, इससे निपटना कैसे है।

लेकिन सब कुछ यहीं से शुरू होता है। इसी सूत्र से। और इस ईमानदार स्वीकार से:

यदि आपके पास तीनों हैं – तो आप अधिकतम जोखिम के क्षेत्र में हैं। समझदारी जोड़ना वैकल्पिक नहीं है। यह जीवित रहना है।

मुख्य सीख

- युवावस्था, पैसा और आज़ादी – तीनों मिलकर, बिना समझदारी के, शुरुआती जीवन की अधिकतम विफलता की परिस्थितियाँ बनाते हैं।
- कोई एक तत्व हटाएँ – जोखिम काफी कम हो जाता है। तीनों एक साथ – ब्रेक गए।
- अचानक आया पैसा सबसे खतरनाक है – वह उस समझदारी के बिना आता है जो उसे संभालने के लिए आवश्यक है।
- बिना जवाबदेही के आज़ादी मुक्ति नहीं है। यह बिना दिशा की गति है।
- समझदारी वह चौथा तत्व है जो सूत्र को तबाही से विरासत में बदलती है। इसे सक्रिय रूप से खोजना होगा।

अध्याय 2

जवानी

सबसे बड़ी ताकत, सबसे बड़ा धोखा

"ऊर्जा और दृढ़ता सब कुछ जीत सकती है।"

– Benjamin Franklin

परंतु केवल तभी – जब सही लक्ष्य की ओर लगाई जाए।

आप युवा हैं।

इसका अर्थ है – आपके पास वह चीज़ है जो कोई पैसा वापस नहीं खरीद सकता – समय। ऐसी ऊर्जा जो बीस वर्ष बाद जैसी नहीं रहेगी। जोखिम उठाने की वह क्षमता जो तब स्वाभाविक रूप से आती है जब खोने के लिए अधिक नहीं होता। वह साहस जो बड़े और सतर्क लोग सोचते रह जाते हैं।

युवावस्था वास्तव में एक असाधारण उपहार है।

दुखद यह नहीं कि युवावस्था युवाओं पर बर्बाद होती है – जैसा पुरानी कहावत है। दुखद यह है कि युवावस्था उन लोगों पर बर्बाद होती है जिन्हें कभी बताया ही नहीं गया कि इसके साथ क्या करना है।

वह उपहार जिसका सही उपयोग नहीं हो रहा

सोचिए – युवावस्था वास्तव में आपको क्या देती है।

आप किसी से भी अधिक घंटे काम कर सकते हैं। आप तेज़ी से सीख सकते हैं, तेज़ी से अनुकूलित हो सकते हैं, तेज़ी से उबर सकते हैं। आप एक आघात सह सकते हैं – आर्थिक, भावनात्मक, व्यावसायिक – और वापस उठ सकते हैं, जैसा अधिक जिम्मेदारियों और अधिक भय वाला व्यक्ति नहीं कर सकता। आपके पास वह एक संसाधन है जो हर सफल व्यक्ति कहता है काश और होता – प्रयास करने, असफल होने, सीखने और फिर प्रयास करने का समय।

ये छोटी बातें नहीं हैं। ये एक असाधारण जीवन के कच्चे माल हैं। परंतु कच्चा माल बिना दिशा के केवल अव्यवस्था है।

जो युवा यह समझता है कि अपनी ऊर्जा को कहाँ लगाना है – जो सोच-समझकर चुनता है कि किसमें स्वयं को झोंकना है –

उसके पास आसपास के सभी लोगों से एक अद्भुत लाभ होता है। जो युवा यह चुनाव सचेत रूप से नहीं करता – उसकी ऊर्जा उसके परिवेश के अनुसार निर्देशित हो जाएगी।

आपके पास ऊर्जा की कोई कमी नहीं है। प्रश्न केवल यह है – आप उसे किस पर लगा रहे हैं?

अंधा बिंदु (Blind Spot)

यह युवावस्था का वह पहलू है जिसके बारे में कोई पर्याप्त ईमानदारी से नहीं बोलता।

युवावस्था केवल ऊर्जा और साहस नहीं देती। यह यह पूर्ण विश्वास भी देती है कि आप जानते हैं कि आप क्या कर रहे हैं – तब भी जब नहीं जानते। यह ऐसा आत्मविश्वास देती है जो आपके वास्तविक अनुभव से पूरी तरह असंबद्ध है। यह ऐसा महसूस कराती है कि जो नियम दूसरों पर लागू होते हैं, वे आप पर नहीं होते।

यही अंधा बिंदु है।

मूर्खता नहीं। आलस्य नहीं। बुरे इरादे नहीं। बस वह विशिष्ट असमर्थता – कि आप वह नहीं देख सकते जो आप अभी नहीं

जानते – और साथ ही यह पूर्ण विश्वास कि आप पहले से ही पर्याप्त जानते हैं।

एक चालीस वर्षीय व्यक्ति जो दो व्यावसायिक विफलताओं से गुज़रा है – वह जानता है कि वह क्या नहीं जानता। उसके पास निशान हैं। वह निर्णयों को सतर्कता के साथ लेता है – यह कायरता नहीं, कठिनाई से अर्जित समझदारी है।

एक पच्चीस वर्षीय युवा जिसके पास अभी कोई विफलता नहीं है – उसके पास कोई निशान नहीं। और बिना निशानों के – कोई स्वाभाविक ब्रेक नहीं। और अनर्जित आत्मविश्वास, जब वास्तविक पैसे और वास्तविक आज़ादी के साथ मिले, तो दुनिया की सबसे खतरनाक चीज़ों में से एक है।

अंधा बिंदु वास्तव में कैसा दिखता है

एक युवा को अचानक बड़ी राशि मिलती है। उसने व्यापार और निवेश पर कुछ YouTube वीडियो देखे होते हैं। उसे आत्मविश्वास महसूस होता है। कुछ ही हफ्तों में वह एक बड़ा वित्तीय निर्णय ले लेता है–बिना किसी विशेषज्ञ से सलाह लिए, बिना छोटे स्तर पर उसे परखे, और बिना किसी लिखित योजना के। जब कोई अनुभवी व्यक्ति उसे सावधान करने की कोशिश

करता है, तो वह उसे नजरअंदाज कर देता है। उसे पूरा यकीन होता है कि वह जानता है कि वह क्या कर रहा है। छह महीने बाद, पैसा खत्म हो चुका होता है। और सबसे दर्दनाक बात? उसे भीतर ही भीतर अंदाज़ा था कि क्या होने वाला है–लेकिन उसके अंधे विश्वास ने उसे यह यकीन दिलाया कि वह अपवाद है।

ऊर्जा बिना दिशा के – तीन स्थानों पर जाती है

जब एक युवा के पास ऊर्जा, पैसा और आज़ादी हो परंतु कोई स्पष्ट दिशा न हो – वह ऊर्जा स्थिर नहीं रहती। वह तीन में से किसी एक जगह जाती है – जिनमें से कोई भी कुछ स्थायी नहीं बनाती।

1. तात्कालिक संतुष्टि

अपने पैसे को काम करता हुआ महसूस करने का सबसे तेज़ तरीका यह है कि आप उसे उन चीज़ों पर खर्च करें, जिन्हें आप तुरंत देख और महसूस कर सकें–नया फोन, कपड़े, बाहर की महफिलें, या ऐसी कार जो आपकी आर्थिक समझ से थोड़ा आगे हो। ये चीज़ें बुरी नहीं हैं–जीवन का आनंद लेना भी ज़रूरी है। लेकिन जब युवावस्था की ऊर्जा, उपलब्ध पैसा और जवाबदेही की

कमी एक साथ आ जाते हैं, तो खर्च करना ही मुख्य गतिविधि बन जाता है। और खर्च करना निर्माण नहीं है–यह घटाव है। हर रुपया, हर डॉलर जो तुरंत संतुष्टि के लिए खर्च होता है, वह आपके भविष्य का एक हिस्सा है जो आज ही समाप्त हो रहा है।

2. गलत जोखिम

युवावस्था आपको निडर बना देती है। निडरता आपको जोखिम लेने के लिए तैयार करती है। और जोखिम लेना वास्तव में आवश्यक भी है–कोई भी बड़ा व्यवसाय कभी उस व्यक्ति ने नहीं बनाया, जिसने जोखिम लेने से इनकार किया हो। लेकिन सोचे-समझे जोखिम और अंधे जोखिम के बीच एक महत्वपूर्ण अंतर होता है। सोचा-समझा जोखिम कहता है: मैंने इसे समझा है, इसके नुकसान को जानता हूँ, असफल होने पर मेरे पास योजना है, और संभावित लाभ इस जोखिम को सही ठहराता है। जबकि अंधा जोखिम कहता है: यह सही लग रहा है, मुझे इस पर अच्छा महसूस हो रहा है, दूसरों ने इस तरह पैसा कमाया है, इसमें कितना मुश्किल हो सकता है? अनुभव के बिना युवावस्था लगभग हमेशा अंधे जोखिम की ओर झुकती है। और जब ऐसा अंधा

जोखिम वास्तविक पैसे के साथ लिया जाता है, तो वह वास्तविक और लंबे समय तक रहने वाला नुकसान पैदा करता है।

3. दिशाहीन गति

यह सबसे शांत, और शायद सबसे आम असफलता है। वह युवा जो हमेशा व्यस्त रहता है–हमेशा कुछ करता हुआ, हमेशा आगे बढ़ता हुआ–लेकिन बिना किसी स्पष्ट दिशा के। ऊर्जा वास्तविक है। प्रयास भी वास्तविक है। लेकिन दिशा के बिना, यह सारी गति सिर्फ गोल-गोल घूमना बन जाती है। कभी वह एक व्यापारिक विचार आज़माता है, फिर दूसरा। कोई कोर्स शुरू करता है और बीच में छोड़ देता है। योजना बनाता है और उसे काम करने का समय मिलने से पहले ही बदल देता है। युवावस्था की ऊर्जा, यदि स्पष्ट दीर्घकालिक दिशा के अनुशासन से न जुड़ी हो, तो थकान पैदा करती है और प्रगति बहुत कम होती है।

लत को बुद्धिमानी से चुनें

यह बात एक सेल्फ-हेल्प किताब में थोड़ी असामान्य लग सकती है–लेकिन यह उन सबसे ईमानदार बातों में से एक है जो मैं आपको बता सकता हूँ: हर इंसान किसी न किसी चीज़ का आदी

होता है। सवाल यह नहीं है कि आपके पास कोई लत है या नहीं। सवाल यह है कि आप किस चीज़ के आदी हैं।

युवावस्था, जब पैसे और आज़ादी के साथ जुड़ती है, तो लत बनने के लिए एक आदर्श वातावरण तैयार करती है। ऊर्जा को एक दिशा चाहिए होती है। आज़ादी पहुँच देती है। पैसा आर्थिक बाधा को हटा देता है। और जब कोई देखने वाला नहीं होता, तो इस बात पर कोई बाहरी नियंत्रण नहीं रहता कि वह दिशा किस ओर जाएगी।

इस चरण में कुछ युवा ऐसी आदतों में फँस जाते हैं, जो धीरे-धीरे उनके स्वास्थ्य, उनकी आर्थिक स्थिति, उनके रिश्तों और उनके भविष्य को कमजोर कर देती हैं–शराब, नशे, जुआ, सोशल मीडिया का अंतहीन स्क्रॉल, दूसरों से स्वीकृति पाने की आवश्यकता, और जीवन को बनाने के बजाय सिर्फ उसकी छवि दिखाने की लत।

ये चरित्र की कमजोरियाँ नहीं हैं। यह वह होता है, जब अपार ऊर्जा, असीमित पहुँच और शून्य जवाबदेही एक साथ मिल जाते हैं–और कोई ऐसा नहीं होता, जो उस युवा को उसकी क्षमता का बेहतर उपयोग दिखा सके।

आप किसी न किसी चीज़ के आदी बनेंगे। बेहतर यह है कि वह चीज़ आपका निर्माण करे – आपको तोड़े नहीं।

विकल्प यह नहीं है कि कोई लत न हो। विकल्प यह है कि आप एक बेहतर लत को जानबूझकर चुनें।

उन सफल लोगों को देखिए, जिनकी आप प्रशंसा करते हैं। वे लगभग हमेशा किसी न किसी चीज़ के प्रति गहराई से आसक्त होते हैं–अपने काम के प्रति, अपने स्वास्थ्य के प्रति, अपने सीखने के प्रति, अपने अनुशासन के प्रति। वे यूँ ही सफलता तक नहीं पहुँचे। वे उसे बनाने की प्रक्रिया के प्रति जुनूनी हो गए। उन्होंने उसी ऊर्जा को, जो दूसरों को भटका देती है, सही दिशा में लगाया–और उसे ऐसी चीज़ पर केंद्रित किया, जो समय के साथ बढ़ती जाती है।

फिटनेस एक तरह की लत है। पढ़ना एक तरह की लत है। कोई कौशल विकसित करना भी एक लत है। सुबह जल्दी उठकर, जब बाकी लोग सो रहे हों, अपना काम करना–यह भी एक लत है। जिन लोगों में ये आदतें होती हैं, वे बाकी लोगों से ज्यादा अनुशासित नहीं होते। उन्होंने बस उसी मानवीय प्रवृत्ति के लिए बेहतर लक्ष्य चुन लिए होते हैं।

आप युवा हैं। आपके पास किसी चीज़ के प्रति सच में जुनूनी बनने की ऊर्जा है। यह चुनना कि वह चीज़ क्या होगी–सोच-समझकर, अभी, इससे पहले कि आपका वातावरण आपके लिए यह निर्णय ले–आपके जीवन के इस चरण के सबसे महत्वपूर्ण निर्णयों में से एक है।

लत का चुनाव

सार्थक लतें: फिटनेस, सीखना, कौशल विकसित करना, पढ़ना, उद्यमिता, वित्तीय समझ, अनुशासन।

हानिकारक लतें: शराब, नशे, जुआ, सोशल मीडिया से मान्यता की चाह, दिखावटी जीवनशैली, विषैले संबंध।

ऊर्जा को कैसे निर्देशित करें – चार व्यावहारिक चरण

सिर्फ इस अंधे बिंदु को समझ लेना पर्याप्त नहीं है। गलत दिशा में जा रही ऊर्जा के खतरों को समझ लेना भी पर्याप्त नहीं है। आपको एक व्यावहारिक ढाँचा चाहिए, जिसके माध्यम से आप इस ऊर्जा को सच में किसी निर्माण करने वाली दिशा में मोड़ सकें।

चरण 1 – ईमानदारी से लिखें: आपकी ऊर्जा वास्तव में कहाँ जाती है।

ईमानदार बनिए। जैसा आप चाहते हैं वैसा नहीं–जैसा वास्तव में हो रहा है, वैसा देखिए। अपने समय और पैसे का एक हफ्ते तक हिसाब रखें। ज़्यादातर लोग जो देखते हैं, उससे चौंक जाते हैं। जागरूकता ही पहला और सबसे महत्वपूर्ण कदम है।

चरण 2 – एक चीज़ पहचानें जो आप अगले तीन वर्षों में बनाना चाहते हैं।

दस चीज़ें नहीं–एक। एक व्यवसाय, एक कौशल, एक वित्तीय आधार, एक योग्यता, या एक ठोस काम का परिणाम। युवावस्था तब सबसे शक्तिशाली होती है, जब वह बिखरी हुई नहीं, बल्कि एक दिशा में केंद्रित होती है। एक दिशा चुनिए और हर दिन उसी में आगे बढ़ने का संकल्प लीजिए–भले ही कदम छोटे हों।

चरण 3 – अपनी लत सोच-समझकर चुनें।

जिस एक चीज़ को आप बनाना चाहते हैं, वह आपसे क्या माँगती है–इस पर ध्यान दें। क्या उसे शारीरिक फिटनेस की आवश्यकता है? तो फिटनेस को अपनी लत बनाइए।

क्या उसे गहरी समझ की ज़रूरत है? तो पढ़ने को अपनी लत बनाइए। क्या उसे वित्तीय अनुशासन चाहिए? तो पैसे के बारे में सीखना अपना जुनून बनाइए। अपनी लत को अपनी मंज़िल के अनुसार तैयार कीजिए।

चरण 4 – एक ऐसा व्यक्ति खोजें जो पहले से वह बना चुका है जो आप बनाना चाहते हैं।

उनकी नकल करने के लिए नहीं। उनकी पूजा करने के लिए नहीं। बल्कि यह समझने के लिए कि कौन-सा रास्ता वास्तव में काम करता है और कौन-सा सिर्फ बाहर से आकर्षक दिखता है। युवावस्था अक्सर सफलता की वास्तविकता के बजाय उसकी छवि को लक्ष्य बना लेती है। ऐसे व्यक्ति को खोजिए, जिसकी वास्तविकता का आप सम्मान करते हों–सिर्फ उसकी दिखने वाली उपलब्धियों का नहीं।

मुख्य सीख

- युवावस्था आपको ऊर्जा, साहस और समय देती है – तीन चीज़ें जो पैसा वापस नहीं खरीद सकता। इन्हें उद्देश्यपूर्वक उपयोग करें।

- युवावस्था का अंधा बिंदु है अनर्जित आत्मविश्वास – यह विश्वास कि आप पर्याप्त जानते हैं, इससे पहले कि अनुभव ने आपको सिखाया हो।

- बिना दिशा की ऊर्जा तात्कालिक संतुष्टि, गलत जोखिम, या दिशाहीन गति में जाती है। इनमें से कोई भी कुछ स्थायी नहीं बनाता।

- हर व्यक्ति किसी न किसी चीज़ का आदी है। सोच-समझकर चुनें – परिवेश के चुनने से पहले।

- दिशा मिलती नहीं। चुनी जाती है। एक चीज़ चुनें, ऊर्जा वहाँ लगाएँ, और उस केंद्रिकरण की दृढ़ता से रक्षा करें।

अध्याय 3

पैसा

वो परीक्षा जो आप दे रहे थे – बिना जाने

"पैसा एक बुरा स्वामी है, परंतु एक उत्कृष्ट सेवक।"

– P.T. Barnum

मैं आपको बताता हूँ कि जब किसी युवा के जीवन में अचानक पैसा आता है, तो वास्तव में क्या होता है। यह किसी परीक्षा जैसा महसूस नहीं होता। यह किसी जिम्मेदारी जैसा महसूस नहीं होता। यह ऐसा भी नहीं लगता कि यह एक ऐसा मोड़ है, जो आपके जीवन के अगले दशक को तय करने वाला है।

यह एक उपलब्धि जैसा महसूस होता है। ऐसा लगता है मानो आप वहाँ पहुँच गए हैं, जहाँ तक पहुँचने के लिए आप हमेशा से मेहनत कर रहे थे। वह क्षण जब संघर्ष खत्म होता है और निर्माण शुरू होता है। वह क्षण जब आखिरकार आपके पास वह सब कुछ है, जिससे आप वह कर सकें, जो आप हमेशा करना चाहते थे। राहत वास्तविक होती है। उत्साह

वास्तविक होता है। संभावनाओं का एहसास बहुत बड़ा और नशे जैसा होता है।

और इसी उत्साह, राहत और संभावनाओं की स्थिति में–जहाँ युवावस्था हर निर्णय को गति देती है और आज़ादी हर नियंत्रण को हटा देती है–अधिकांश युवा अपने जीवन के सबसे महत्वपूर्ण वित्तीय निर्णय ले लेते हैं। बिना उस ज्ञान के, जो उन्हें सही निर्णय लेने में मदद करे। बिना उस अनुभव के, जो उन्हें परिणामों को समझा सके। और बिना किसी ऐसे व्यक्ति के, जो ईमानदारी से उनके साथ बैठकर कहे:

रुकें। यह पैसा केवल एक अवसर नहीं है। यह एक परीक्षा है। और अधिकांश लोग इसमें अनुत्तीर्ण होते हैं – इसलिए नहीं कि वे मूर्ख हैं, बल्कि इसलिए कि किसी ने उन्हें बताया ही नहीं कि परीक्षा हो रही है।

यह अध्याय वही व्यक्ति है।
जो आपके साथ बैठा है–और परीक्षा शुरू होने से पहले आपको सच्चाई बता रहा है।

अचानक आया पैसा अलग क्यों होता है

एक महत्वपूर्ण अंतर है, जिसके बारे में अधिकांश लोग कभी सोचते ही नहीं—धीरे-धीरे कमाए गए पैसे और अचानक मिले पैसे के बीच का अंतर।

जब आप पैसा धीरे-धीरे कमाते हैं—नौकरी के माध्यम से, वर्षों में बढ़ते व्यवसाय के माध्यम से, या निरंतर प्रयास के जरिए—तो पैसे के साथ-साथ कुछ और भी विकसित होता है: निर्णय क्षमता, समझ और यह एहसास कि पैसे की वास्तविक कीमत क्या होती है—घंटों में, त्याग में, और लगातार किए गए प्रयास में। आप पैसे के साथ एक ऐसा संबंध बनाते हैं, जो सम्मान पर आधारित होता है, क्योंकि आप जानते हैं कि इसे बनाने में क्या लगा है।

लेकिन अचानक मिला पैसा—चाहे वह विरासत में मिला हो, उपहार में मिला हो, जीता गया हो, या एकमुश्त मिला हो—उस संबंध के बिना आता है। पैसा वास्तविक होता है, लेकिन उसे संभालने की समझ उसके साथ विकसित नहीं हुई होती। आपके पास संसाधन होता है, लेकिन उसका संदर्भ नहीं। शक्ति होती है, लेकिन प्रशिक्षण नहीं। ईंधन होता है, लेकिन नक्शा नहीं।

यह आपकी गलती नहीं है। यह बस स्थिति की वास्तविकता है। लेकिन इसे समझ लेना सब कुछ बदल देता है—क्योंकि जब

आपको यह एहसास हो जाता है कि आपके हाथ में कुछ ऐसा है, जिसके लिए आप पूरी तरह तैयार नहीं थे, तो आप खुद को तैयार करने का निर्णय ले सकते हैं–जानबूझकर, और समय रहते, फैसले लेने से पहले।

जब पैसा आया, समझदारी साथ नहीं आई। वह समझदारी अब अलग से, तत्काल, अर्जित करनी होगी।

पैसा आने पर पाँच सबसे खतरनाक विचार

पैसे के साथ क्या करना है, इस पर बात करने से पहले, आइए उन विचारों की बात करें जो इसके साथ आते हैं। क्योंकि ये विचार–जो उस क्षण पूरी तरह तर्कसंगत लगते हैं–किसी एक गलत निवेश या व्यापारिक निर्णय से कहीं अधिक वित्तीय विनाश के लिए जिम्मेदार होते हैं।

01 "अब अंततः वह मिला जो हमेशा चाहता था।"

राहत की भावना, उत्साह और लंबे समय से दबे हुए सपनों का मेल एक तरह की जल्दबाज़ी पैदा कर देता है। आपको तुरंत कुछ करने का मन होता है। आखिरकार कुछ बनाने की इच्छा, अलग तरह से जीने की चाह, और अब और इंतज़ार न करने की बेचैनी–सब कुछ एक साथ उमड़ पड़ता

है। और यही जल्दबाज़ी अच्छे वित्तीय निर्णयों की सबसे बड़ी दुश्मन होती है। सबसे अच्छे निर्णय धीरे-धीरे, शांत मन से, पूरी जानकारी और सलाह के साथ लिए जाते हैं। जबकि सबसे खराब निर्णय जल्दी-जल्दी, भावनाओं में बहकर, उसी शुरुआती उत्साह की पहली लहर में लिए जाते हैं।

02 "मैं इस अवसर को दूसरों से बेहतर समझता हूँ।"

युवावस्था आपको आत्मविश्वास देती है। अचानक मिला पैसा आपको एक ऊँची स्थिति का एहसास कराता है। दोनों मिलकर यह भावना पैदा करते हैं कि आपके पास किसी व्यवसाय, किसी निवेश या किसी बाजार के बारे में एक खास समझ है, जो आपके आसपास के लोगों को दिखाई नहीं दे रही। कभी-कभी यह सच होता है। लेकिन अधिकतर समय यह आपके अंधे बिंदु की आवाज़ होती है।

इसका समाधान सरल है: यदि आपको पूरा यकीन है कि आप सही हैं, तो दो हफ्ते रुकिए, पूरी जानकारी जुटाइए, और किसी ऐसे व्यक्ति से सलाह लीजिए जो आपसे अधिक जानता हो–और यदि इसके बाद भी आपका यकीन बना रहे, तो आगे बढ़िए।

जो यकीन जाँच-परख के बाद भी बना रहता है, वही वास्तविक होता है। और जो यकीन जाँच-परख को सहन नहीं कर पाता, वह केवल भावना होता है।

03 "थोड़ा आनंद लेने के बाद बाकी निवेश करूँगा।"

आपको जो मिलता है, उसका थोड़ा आनंद लेने में कोई बुराई नहीं है। लेकिन "थोड़ा" लगभग कभी थोड़ा नहीं रहता। जीवनशैली का बढ़ना व्यक्तिगत वित्त में सबसे शक्तिशाली और सबसे अदृश्य ताकतों में से एक है। जब आपका जीवन स्तर बढ़ता है–होटल, कपड़े, रेस्टोरेंट, नया फोन–तो उसे वापस नीचे लाना लगभग असंभव हो जाता है। जो पहले एक उत्सव जैसा लगता था, वही धीरे-धीरे सामान्य बन जाता है। और यही नया सामान्य उस सब कुछ को खत्म कर देता है, जिसे निवेश होना था।

04 "और कमा लूँगा।"

युवावस्था आपको यह महसूस कराती है कि पैसा दोबारा बनाया जा सकता है–कि अगर यह खत्म हो भी गया, तो आप फिर से कमा लेंगे। कभी-कभी यह सच भी होता है। लेकिन यह एक ऐसी चीज़ को नज़रअंदाज़ करता है, जिसे पैसा कभी वापस नहीं ला सकता: समय।

किसी वित्तीय गलती से उबरने में जो समय चला जाता है—वे साल, जो आपको वहीं तक वापस पहुँचने में लगते हैं जहाँ से आपने शुरुआत की थी—हमेशा के लिए खो जाते हैं। पैसा फिर से बनाया जा सकता है। समय नहीं।

इस पैसे को ऐसे संभालिए, जैसे इसे आसानी से दोबारा नहीं पाया जा सकता। क्योंकि इसे फिर से कमाने में जो साल लगेंगे, वे वापस नहीं आएँगे।

05 "मेरे आसपास सभी यही कर रहे हैं।"

सामाजिक स्वीकृति वित्तीय निर्णयों में सबसे शक्तिशाली ताकतों में से एक है—और सबसे खतरनाक में से भी। जब आपके आसपास के लोग खर्च कर रहे होते हैं, तो आप भी खर्च करते हैं। जब वे किसी विशेष अवसर में निवेश कर रहे होते हैं, तो आपको भी उसमें कूदने का दबाव महसूस होता है। जब आपके आसपास के लोगों की जीवनशैली बढ़ती है, तो आपकी भी उसके साथ बढ़ने लगती है।

लेकिन आपके आसपास के लोग लगभग उसी स्तर की वित्तीय समझ के साथ काम कर रहे होते हैं, जितनी आपके पास है—यानी बहुत कम। भीड़ का अनुसरण करना तब, जब भीड़ को खुद नहीं पता कि वह कहाँ जा रही है, कोई

रणनीति नहीं है। यह सिर्फ खो जाने का एक आसान तरीका है।

वह वित्तीय शिक्षा जो किसी ने नहीं दी

स्कूल गणित सिखाते हैं, लेकिन पैसे के बारे में नहीं सिखाते। वे इतिहास, विज्ञान, साहित्य–ऐसे विषय सिखाते हैं जो महत्वपूर्ण हैं। लेकिन वे उस एक विषय को नहीं सिखाते, जिससे हर व्यक्ति को पूरी जिंदगी जूझना पड़ता है: पैसा वास्तव में कैसे काम करता है।

अधिकांश परिवार भी इस कमी को पूरा नहीं करते। या तो इसलिए कि पैसे के बारे में कभी खुलकर बात ही नहीं हुई–वह एक वर्जित विषय था, तनाव का कारण था, या ऐसी चीज़ थी जो बंद दरवाज़ों के पीछे ही रहती थी–या इसलिए कि माता-पिता ने स्वयं यह शिक्षा कभी पाई ही नहीं, और जो उनके पास नहीं है, वह वे आगे दे भी नहीं सकते।

और वे पिता, जो यह समझ आगे दे सकते थे–जिन्होंने अपने अनुभव और कठिन सीखों से धन बनाया था–कभी-कभी उससे पहले ही चले जाते हैं, जब उन्हें यह सिखाने का मौका मिलता।

या वे धन तो छोड़ जाते हैं, लेकिन उसके साथ वह मार्गदर्शन नहीं छोड़ पाते, जो उसके साथ होना चाहिए था।

तो यह रहा। सब कुछ नहीं–क्योंकि उसमें सालों लगेंगे। लेकिन वह आधार, जो आपको अभी चाहिए। इस समय, जब आपके हाथ में पैसा है और आपके सामने निर्णय खड़े हैं।

✓ **नियम 1 – पैसे को छूने से पहले विभाजित करें।**

जैसे ही पैसा आपके पास आता है, उसे खर्च करने से पहले अलग-अलग हिस्सों में बाँट दें। एक हिस्सा सुरक्षा के लिए– वह पैसा जिसे आप छूते नहीं हैं, जो एक सुरक्षित खाते में रहता है और आपकी नींव बनता है। एक हिस्सा निवेश के लिए–वह पैसा जो आपके लिए काम करता है। एक हिस्सा सीखने के लिए–कोर्स, किताबें, मार्गदर्शक, वित्तीय शिक्षा। और एक हिस्सा जीवन के लिए–वह राशि जिसे आप बिना किसी अपराधबोध के खर्च कर सकते हैं।

सटीक प्रतिशत आपकी स्थिति पर निर्भर करते हैं। महत्वपूर्ण प्रतिशत नहीं, बल्कि यह है कि आप पैसे को अलग कर रहे हैं। एक जगह रखा पैसा धीरे-धीरे खत्म हो जाता है। लेकिन जब पैसे का हर हिस्सा किसी उद्देश्य के

साथ तय होता है, तो उसके टिके रहने की संभावना बढ़ जाती है।

✓ **नियम 2 – संपत्ति और देनदारी का अंतर समझें।**

परिसंपत्ति वह है जो समय के साथ आपके जेब में पैसा डालती है। देनदारी वह है जो समय के साथ आपकी जेब से पैसा निकालती है। यह सबसे महत्वपूर्ण वित्तीय अंतर है जो आप कभी सीखेंगे–और दुर्भाग्य से, बहुत कम लोग इसे स्पष्ट रूप से सिखाते हैं।

जो व्यवसाय लाभ उत्पन्न करता है, वह एक परिसंपत्ति है। जो कार हर महीने ईंधन, बीमा और रखरखाव का खर्च लेती है, वह एक देनदारी है। जो संपत्ति किराया देती है, वह एक परिसंपत्ति है। जो जीवनशैली उन्नयन लगातार खर्च मांगता है, वह एक देनदारी है।

किसी भी वित्तीय निर्णय से पहले खुद से पूछें: क्या यह आने वाले तीन वर्षों में मेरी जेब में पैसा जोड़ेगा या उससे पैसा निकालेगा?

✓ नियम 3 – भावनात्मक दबाव में कोई बड़ा आर्थिक निर्णय न करें।

उत्साह, शोक, राहत, डर, FOMO–ये सभी भावनाएँ आपके वित्तीय निर्णय को प्रभावित करती हैं। सबसे खतरनाक समय निर्णय लेने के लिए वह होता है, जब आप किसी अवसर को लेकर अत्यधिक सकारात्मक महसूस कर रहे हों, या जब आपको लगे कि अगर आपने अभी कदम नहीं उठाया तो आप मौका खो देंगे।

वास्तविक अवसर कुछ घंटों में समाप्त नहीं होते। जो व्यक्ति आपसे कहता है कि निर्णय की खिड़की अभी बंद हो जाएगी, वह या तो गलत है या आपकी जल्दबाज़ी का फायदा उठा रहा है। हर बड़े निर्णय के लिए एक न्यूनतम प्रतीक्षा अवधि रखें–मध्यम निर्णयों के लिए दो सप्ताह, और बड़े निर्णयों के लिए साठ दिन।

✓ नियम 4 – कहीं भी निवेश करने से पहले वित्तीय शिक्षा में निवेश करें।

आप बिना प्रशिक्षण के सर्जरी नहीं करेंगे। आप बिना लाइसेंस के विमान नहीं उड़ाएँगे। लेकिन लोग बड़ी राशि

का निवेश लगभग बिना किसी वित्तीय समझ के कर देते हैं–और फिर खराब परिणाम देखकर हैरान होते हैं।

किसी भी निवेश, व्यवसाय या वित्तीय साधन में पैसा लगाने से पहले–समय और थोड़ा पैसा यह समझने में लगाएँ कि वह कैसे काम करता है। पढ़ें। कोर्स करें। ऐसे व्यक्ति से सीखें, जिसने इसे सफलतापूर्वक किया हो।

वित्तीय शिक्षा पर मिलने वाला लाभ लगभग हमेशा उस किसी भी एक निवेश से अधिक होता है, जो आप इसके बिना करते हैं।

✓ नियम 5 – जितना सही लगे उससे छोटे से शुरू करें।

आप किसी नए व्यवसाय या निवेश में जितनी राशि लगाने का सोच रहे हैं–उसका केवल एक छोटा हिस्सा लगाकर शुरू करें। दस प्रतिशत। अधिकतम बीस प्रतिशत। पहले छोटे स्तर पर मॉडल को परखें, फिर ही पूरी राशि लगाएँ।

अगर यह छोटे स्तर पर सफल होता है, तो उसे बढ़ाएँ। अगर असफल होता है, तो आपने केवल एक हिस्सा खोया है, सब कुछ नहीं। युवावस्था आपको सब कुछ एक साथ

लगाने के लिए उकसाती है। समझदारी कहती है: पहले साबित करो, फिर बढ़ाओ।

एक छोटे असफल प्रयास की कीमत एक सीख होती है। लेकिन एक बड़े असफल निर्णय की कीमत वर्षों की वापसी हो सकती है।

अभी क्या करें – यदि आज पैसा आपके हाथ में है

अब सिद्धांत काफी हुआ। यहाँ एक व्यावहारिक क्रम है– छह कदम–उन लोगों के लिए, जिनके पास इस समय एक बड़ी राशि है और जिन्होंने अभी तक तय नहीं किया है कि इसके साथ क्या करना है।

चरण 1 – रुकें। तीस दिनों तक कुछ न करें।

कोई बड़ा निर्णय न लें। पैसे को सबसे सुरक्षित और आसानी से उपलब्ध खाते में रखें। केवल उन्हीं लोगों को बताएँ, जिन पर आप पूरी तरह भरोसा करते हैं।

उत्साह और राहत की भावनाओं को शांत होने दें। जो निर्णय पैसा मिलने के पहले तीस दिनों में लिए जाते हैं, वे लगभग हमेशा बाद में पछतावा बनते हैं।

चरण 2 – हर उस विकल्प को लिखें जिस पर विचार कर रहे हैं।

अभी निर्णय लेने के लिए नहीं–सिर्फ उन्हें स्पष्ट रूप से देखने के लिए। व्यवसाय, निवेश, खरीद, कर्ज–सब कुछ लिखें। दिमाग से निकालकर कागज़ पर लाने से जल्दबाज़ी कम होती है और आप हर विकल्प को अधिक स्पष्टता से देख पाते हैं।

चरण 3 – एक वित्तीय रूप से जानकार व्यक्ति खोजें जिससे ईमानदारी से बात करें।

कोई ऐसा मित्र नहीं, जो आपकी हर बात से सहमत हो जाए। बल्कि एक वित्तीय सलाहकार, एक अकाउंटेंट, एक अनुभवी व्यवसायी, या कोई ऐसा मार्गदर्शक जिसने पैसे को सफलतापूर्वक संभाला हो। अपनी स्थिति ईमानदारी से साझा करें। जो वे कहते हैं, उसे सुनें–खासकर तब, जब वह आपकी इच्छा के अनुसार न हो।

चरण 4 – पहले उच्च ब्याज वाला ऋण चुकाएँ।

यदि यदि आपके पास ऐसा कर्ज है, जिस पर उच्च ब्याज लगता है–जैसे व्यक्तिगत ऋण, क्रेडिट कार्ड या

अनौपचारिक उधार–तो उसे चुकाना लगभग हमेशा सबसे अच्छा वित्तीय निर्णय होता है।

उच्च ब्याज का कर्ज अधिकांश निवेशों से अधिक महंगा पड़ता है। उसे खत्म करना एक निश्चित और जोखिम-मुक्त लाभ देता है। यह रोमांचक नहीं है–लेकिन यह सही है।

चरण 5 – कुछ भी बनाने से पहले सुरक्षा की नींव बनाएँ।

किसी भी निवेश, व्यवसाय या अवसर से पहले–एक ऐसी राशि अलग रखें, जो आपकी सुरक्षा हो। कम से कम छह महीने के खर्च।

यह पैसा किसी और उद्देश्य के लिए उपलब्ध नहीं है। यह वह सुरक्षा कवच है, जो सुनिश्चित करता है कि यदि कोई निर्णय गलत हो जाए, तो आप मूलभूत ज़रूरतों के लिए संघर्ष न करें।

सुरक्षा कोई खर्च नहीं है। यह वह आधार है, जिस पर बाकी सब कुछ सुरक्षित रूप से बनाया जाता है।

चरण 6 – तब – और केवल तब – निर्माण शुरू करें।

जब आपकी सुरक्षा सुनिश्चित हो, आपका कर्ज समाप्त हो चुका हो, आपकी वित्तीय समझ बढ़ रही हो, और आपने अपने विकल्पों को शांत मन से परख लिया हो–तभी निर्माण शुरू करें।

अब आप निवेश करते हैं। अब आप व्यवसाय शुरू करते हैं। लेकिन पूरी राशि के साथ नहीं। केवल उस हिस्से के साथ, जो विकास के लिए निर्धारित है–पहले छोटे स्तर पर परखें, स्पष्ट योजना के साथ, और संभावित नुकसान की पूरी समझ के साथ।

यह डर नहीं है। यही वह तरीका है, जिससे वास्तव में संपत्ति बनाई जाती है–एक बड़ा जोखिम लेकर नहीं, बल्कि समय के साथ लिए गए समझदारी भरे, अनुशासित निर्णयों की श्रृंखला से।

पैसा आपकी मंज़िल नहीं है। यह एक साधन है–और हर साधन की तरह, इसका मूल्य पूरी तरह इस बात पर निर्भर करता है कि उसे इस्तेमाल करने वाले व्यक्ति के पास कितना ज्ञान और कौशल है।

अब आपके पास अपनी उम्र के अधिकांश लोगों से अधिक वित्तीय समझ है। इसलिए नहीं कि आप विशेष हैं–बल्कि इसलिए कि आपने यहाँ तक पढ़ने का निर्णय लिया। यह निर्णय, बार-बार दोहराया जाए, और समय के साथ बढ़ता जाए–यही वह तरीका है, जिससे चौथा तत्व–समझदारी–विकसित होता है। परीक्षा वास्तविक है। आपका परीक्षण अभी हो रहा है।

अच्छी खबर यह है–आप इसके लिए तैयारी कर सकते हैं। आज से।

मुख्य सीख

- अचानक आया पैसा आगमन जैसा लगता है। वास्तव में यह एक परीक्षा की शुरुआत है – जिसमें अधिकांश लोग बिना तैयारी के प्रवेश करते हैं।
- अर्जित और अचानक आए पैसे में अंतर वह समझदारी है जो साथ विकसित होती है।
- पाँच सबसे खतरनाक विचार सभी पूरी तरह तार्किक लगते हैं। उन्हें पहचानें। उन पर प्रश्न करें।

- नियम सीखें: खर्च करने से पहले विभाजित करें, संपत्ति बनाम देनदारी समझें, भावनात्मक दबाव में निर्णय न करें।
- पैसा एक उपकरण है। इसका मूल्य पूरी तरह उसे उपयोग करने वाले के ज्ञान और अनुशासन पर निर्भर करता है।

अध्याय 4

आज़ादी

जब कोई नहीं देख रहा – आप कौन हैं?

"आज़ादी प्रतिबद्धताओं का अभाव नहीं है, बल्कि यह चुनने की क्षमता है कि मेरे लिए क्या सर्वोत्तम है।"

– Paulo Coelho

आज़ादी एक सपना है।

किसी भी युवा से पूछिए कि वह सबसे ज्यादा क्या चाहता है, और उसके जवाब में–पैसे, सफलता और पहचान के नीचे–कहीं न कहीं यही बात होती है: मैं वही करना चाहता हूँ जो मैं चाहता हूँ, जब मैं चाहता हूँ, और किसी के प्रति जवाबदेह नहीं होना चाहता।

न कोई बॉस। न कोई समय-सीमा। न कोई माता-पिता जो आपके फैसलों पर नजर रखें। न कोई शिक्षक जो उपस्थिति दर्ज करे। न कोई व्यवस्था जो आपको याद दिलाए कि आपको क्या करना है और कब करना है।

बस आप। आपके फैसले। आपका समय। आपका जीवन।

यही वह सपना है, जो मानव की विशाल महत्वाकांक्षा को आगे बढ़ाता है। इसी ने कंपनियाँ बनाई हैं, क्रांतियों को जन्म दिया है, और इतिहास की कुछ सबसे बड़ी उपलब्धियों को प्रेरित किया है। सही तरीके से समझी और इस्तेमाल की गई आज़ादी, इंसान के लिए सबसे शक्तिशाली स्थितियों में से एक होती है।

लेकिन आज़ादी का एक रूप ऐसा भी होता है, जिसके बारे में आपको कोई नहीं बताता। ऐसा रूप, जो जब आप उसके भीतर होते हैं, तो बिल्कुल भी मुक्ति जैसा नहीं लगता। ऐसा रूप, जो जब युवावस्था, पैसा और मार्गदर्शन की कमी के साथ जुड़ता है, तो किसी भी उस बंधन से ज्यादा खतरनाक बन जाता है, जिससे आप कभी बचना चाहते थे।

वह आज़ादी जिसके बारे में आपको किसी ने नहीं बताया

जब बाहरी जवाबदेही खत्म हो जाती है–जब न कोई माता-पिता होता है, न नियोक्ता, न शिक्षक, न कोई ऐसा व्यक्ति जिसकी राय आपके रोज़ के फैसलों पर असर डालती हो–तब एक दिलचस्प चीज़ होती है।

ब्रेक हट जाते हैं।

एकदम से नहीं। अचानक नहीं। यह धीरे-धीरे, चुपचाप होता है–उन छोटे-छोटे फैसलों में, जहाँ कोई देख नहीं रहा होता।

वह सुबह, जब आप जल्दी उठने का फैसला नहीं करते–क्योंकि देखने वाला कोई नहीं है।

वह काम, जिसे आप टाल देते हैं–क्योंकि उसकी जल्दी केवल किसी और की अपेक्षा में थी।

वह वित्तीय निर्णय, जो आप बिना सोचे ले लेते हैं–क्योंकि आगे बढ़ने से पहले किसी की अनुमति की जरूरत नहीं है।

हर एक छोटा फैसला आपको आज़ादी जैसा महसूस होता है। और एक सीमित अर्थ में, वह होता भी है। लेकिन जब ऐसे फैसले लगातार होते हैं–बिना उस संरचना के, जो जवाबदेही देती है–तो वे धीरे-धीरे आपकी आदतों, आपके अनुशासन, आपके मानकों और अंततः आपके परिणामों को बदल देते हैं।

जो व्यक्ति संरचना के भीतर उत्पादक था, वह उसके बिना कम उत्पादक हो जाता है–इसलिए नहीं कि वह आलसी है, बल्कि इसलिए कि वह संरचना उसकी अपेक्षा से अधिक

काम कर रही थी। जो अनुशासन उसे अपना लगता था, उसका एक हिस्सा वास्तव में वातावरण से आया था। और जब वातावरण बदलता है, तो वह अनुशासन भी साथ चला जाता है।

जिस आज़ादी के लिए आपने संघर्ष किया – वही आज़ादी आपको रोक सकती है – यदि उसकी जगह लेने के लिए आंतरिक ढाँचा नहीं बनाया।

यही वह आज़ादी है, जिसके बारे में आपको किसी ने नहीं बताया। वह नहीं, जो आपको सशक्त बनाती है–बल्कि वह, जो आपको उजागर कर देती है। वह आज़ादी, जो बिना किसी बाहरी शोर के यह दिखा देती है कि जब कोई नहीं देख रहा होता, तब आप वास्तव में कौन हैं।

और यह सवाल–जब कोई नहीं देख रहा होता, तब आप कौन हैं–आपके जीवन के इस चरण के सबसे महत्वपूर्ण सवालों में से एक है।

आज़ादी के छिपे हुए रूप

जब आज़ादी आपके खिलाफ काम कर रही होती है, तब वह हमेशा आज़ादी जैसी नहीं दिखती। वह अलग-अलग रूप पहनती है

–और हर रूप उस समय सही लगता है।

आज़ादी कैसी लगती है: *"मैं जब चाहूँ तब काम कर सकता हूँ। मुझे किसी तय समय की जरूरत नहीं है।"*
वास्तव में आज़ादी क्या है: *बिना समय-सारणी के, अधिकांश लोग उतना काम नहीं कर पाते जितना वे सोचते हैं–और कम ध्यान के साथ काम करते हैं। बिना संरचना के लचीलापन, आज़ादी नहीं है। वह भटकाव है।*

आज़ादी कैसी लगती है: *"मुझे किसी को जवाब देने की जरूरत नहीं है। मैं अपने फैसले खुद लेता हूँ।"*
वास्तव में आज़ादी क्या है: *जब किसी के प्रति जवाबदेही नहीं होती, तो आपके फैसलों पर कोई बाहरी नियंत्रण नहीं होता। कोई आपसे कठिन सवाल नहीं पूछता। कोई आपको तब नहीं रोकता, जब आप गलत दिशा में तेजी से बढ़ रहे होते हैं।*

आज़ादी कैसी लगती है: *"मैं इसे कल कर लूँगा। कोई अंतिम समय-सीमा नहीं है।"*
वास्तव में आज़ादी क्या है: *समय-सीमा का अभाव उत्पादकता को बढ़ाता नहीं है–अक्सर उसे कम कर देता है। अच्छे काम का दुश्मन जल्दबाज़ी नहीं है, बल्कि समय-सीमा का न होना है।*

आज़ादी कैसी लगती है: *"मैं इसे खर्च कर सकता हूँ। यह मेरा पैसा है, मेरी पसंद है।"*

__वास्तव में आज़ादी क्या है:__ यह तकनीकी रूप से सही है। लेकिन चुनाव की आज़ादी और सही चुनाव करने की समझ एक जैसी चीज़ नहीं हैं। हर स्वतंत्र निर्णय के परिणाम होते हैं। और आज़ादी का मतलब है–उन परिणामों को पूरी तरह खुद उठाना, बिना किसी के साथ बाँटे।

शून्य जवाबदेही का खतरा

मानव स्वभाव से सामाजिक प्राणी हैं। हम इस तरह से बने हैं कि हमें इस बात की परवाह होती है कि दूसरे हमारे बारे में क्या सोचते हैं–हमारी प्रतिष्ठा, हमारी विश्वसनीयता, हमारी निरंतरता। यह कमजोरी नहीं है। यह उन मूल तंत्रों में से एक है, जो समाज और संबंधों को जोड़े रखते हैं।

जवाबदेही–यह जानना कि कोई और आपके किए गए वादों से अवगत है और अगर आप उन्हें पूरा नहीं करते तो वह ध्यान देगा–किसी भी व्यक्ति के लिए उपलब्ध सबसे शक्तिशाली प्रदर्शन उपकरणों में से एक है। शोध लगातार यह दिखाते हैं कि जो लोग अपने लक्ष्यों को किसी ऐसे व्यक्ति के साथ साझा करते हैं, जिसका वे सम्मान करते हैं, और जो नियमित रूप से अपनी प्रगति की समीक्षा करते हैं, वे उन लोगों की तुलना में कहीं अधिक सफल होते हैं, जो पूरी तरह अकेले काम करते हैं।

जब आज़ादी सारी बाहरी जवाबदेही को हटा देती है, तो यह उसी तंत्र को भी हटा देती है। और युवाओं के लिए–जिनकी आंतरिक जवाबदेही अभी विकसित हो रही होती है, जिनकी आदतें बन रही होती हैं, और जिनकी पहचान आकार ले रही होती है–किसी भी बाहरी नियंत्रण का अभाव विशेष रूप से खतरनाक होता है।

यह कोई स्थायी स्थिति नहीं है। आंतरिक जवाबदेही विकसित की जा सकती है। यह इतनी मजबूत बन सकती है कि बिना बाहरी सहारे के भी काम कर सके। लेकिन इसे जानबूझकर बनाना पड़ता है। यह अपने आप विकसित नहीं होती, सिर्फ इसलिए कि बाहरी जवाबदेही हटा दी गई है।

अनुशासन वह नहीं है जो कोई बाहर से थोपे। अनुशासन वह है जो आप तब अंदर से बनाते हैं जब बाहर देखना बंद हो जाए।

वह युवा जिसके पास पैसा है, आज़ादी है, और जिसकी पसंदों पर नज़र रखने वाला कोई नहीं है, वह दो स्थितियों में से एक में होता है। या तो वह जानबूझकर, सजग रूप से अपने भीतर जवाबदेही की व्यवस्था बना रहा होता है–इस समझ के साथ कि अब अनुशासन उसकी अपनी जिम्मेदारी है–या फिर वह धीरे-धीरे भटक रहा होता है।

और यह भटकाव, जब पैसे और युवावस्था की ऊर्जा के साथ जुड़ता है, तो हमेशा तेज़ हो जाता है।

जब कोई नहीं देख रहा – आप कौन हैं?

यह सवाल एक गंभीर उत्तर मांगता है। कोई बचाव वाला नहीं। वह नहीं, जो आप किसी मूल्यांकन के समय देते। बल्कि सबसे ईमानदार उत्तर। जब कोई नहीं देख रहा होता–जब न कोई दर्शक होता है, न कोई प्रदर्शन, न आपके फैसलों का कोई बाहरी मूल्यांकन–तब आप वास्तव में क्या करते हैं? क्या आप उसी समय उठते हैं, जिस समय उठते अगर कोई आपसे अपेक्षा कर रहा होता? क्या आप उसी एकाग्रता से काम करते हैं? क्या आप वही वित्तीय फैसले लेते हैं? क्या आप अपने शरीर, अपने समय और अपने संसाधनों के साथ वही सम्मान रखते हैं?

अधिकांश लोग–अगर वे सच में ईमानदार हों–तो पाते हैं कि जब कोई नहीं देख रहा होता, तब उनका व्यवहार थोड़ा बदल जाता है। बहुत ज्यादा नहीं। बस थोड़ा। थोड़ी देर से उठना। थोड़ा लंबा ब्रेक लेना। थोड़ा ज्यादा आवेग में खरीद लेना। थोड़ा आसान विकल्प चुन लेना, कठिन लेकिन बेहतर

विकल्प के बजाय। ये छोटे अंतर अलग-अलग देखने पर महत्वपूर्ण नहीं लगते। लेकिन महीनों और वर्षों में, यही अंतर जुड़ते जाते हैं। वह व्यक्ति, जो तब भी वही व्यवहार करता है जब उसे कोई नहीं देख रहा होता, कुछ बिल्कुल अलग बनाता है–उस व्यक्ति से जो केवल तब प्रदर्शन करता है, जब कोई देख रहा हो।

चरित्र यह नहीं है कि आप तब कौन हैं जब सब कुछ आसान हो, या जब लोग देख रहे हों। चरित्र वह है, जो आप तब होते हैं जब चीज़ें कठिन हों–और कोई भी कभी नहीं जान पाए।

और जीवन के इस चरण में–जब आज़ादी पूरी तरह सक्रिय होती है–आपका चरित्र बन रहा होता है। आपका हर निर्णय...

जो आप निजी में बनते हैं – वही आप सार्वजनिक में बन जाते हैं। अंततः। अनिवार्य रूप से।

आंतरिक जवाबदेही बनाएँ – पाँच व्यावहारिक अनुशासन

बाहरी जवाबदेही हट चुकी है। इसका मतलब है कि अब आपको उसकी आंतरिक रूप बनानी होगी। इसलिए नहीं कि कोई आपको मजबूर कर रहा है–बल्कि इसलिए कि आप समझते हैं

कि अनुशासन वह आधार है, जिस पर आप जो कुछ भी बनाना चाहते हैं, वह टिकेगा।

यहाँ पाँच ऐसे अनुशासन हैं, जो तब आंतरिक जवाबदेही बनाते हैं, जब बाहर से कुछ भी आपको नियंत्रित नहीं कर रहा होता।

01 अपना खुद का ढाँचा तैयार करें

आज़ादी का मतलब यह नहीं है कि कोई संरचना न हो। इसका मतलब यह है कि आप संरचना खुद चुनते हैं।

अपने दिन को सोच-समझकर डिज़ाइन करें–जागने का समय, काम के हिस्से, आराम, समीक्षा। इसे लिखें।

इस संरचना को उसी सम्मान के साथ लें, जैसा आप किसी ऐसे कार्य-सूची को देते हैं, जो किसी ऐसे व्यक्ति ने बनाई हो, जिसका आप गहरा सम्मान करते हैं।

जो संरचना आप खुद के लिए बनाते हैं और उसे लगातार निभाते हैं, वह किसी भी बाहरी रूप से थोपी गई संरचना से अधिक शक्तिशाली होती है–क्योंकि वह पूरी तरह आपकी होती है।

02 ट्रैकिंग से व्यक्तिगत जवाबदेही बनाएँ

जिस चीज़ को मापा जाता है, वही संभाली जाती है। अपने समय और पैसे का एक सरल दैनिक रिकॉर्ड रखें–न कि आप कैसे चाहते हैं कि वह खर्च हो, बल्कि वास्तव में वह कैसे खर्च हो रहा है। एक डायरी, एक स्प्रेडशीट, या एक नोटबुक–कुछ भी इस्तेमाल करें। हर सप्ताह के अंत में, उसे ईमानदारी से देखें। यह आत्म-निरीक्षण–अपने ही गवाह बनने की प्रक्रिया–सबसे शक्तिशाली जवाबदेही उपकरणों में से एक है। आप डेटा से झूठ नहीं बोल सकते। और यही डेटा आपको साफ़ और बिना किसी निर्णय के दिखाएगा कि आपकी आज़ादी का उपयोग हो रहा है या वह व्यर्थ जा रही है।

03 एक व्यक्ति खोजें जिसके प्रति जवाबदेह हों

आज़ादी के बावजूद, एक ऐसा व्यक्ति खोजें जिसकी नजर में आपकी निरंतरता मायने रखती हो। एक मार्गदर्शक, एक कोच, या एक भरोसेमंद व्यक्ति जो आपसे आगे के रास्ते पर हो।

अपने साप्ताहिक लक्ष्य उसके साथ साझा करें। अपनी प्रगति पर उससे नियमित रूप से चर्चा करें। यह आपकी आज़ादी को कम करना नहीं है–यह उसे सही दिशा देना है।

यह एक चुनाव है–खुद से जवाबदेह बनने का। और यह स्वेच्छा से चुनी गई जवाबदेही, थोपी गई जवाबदेही से कहीं अधिक शक्तिशाली होती है।

04 "भविष्य का स्वयं" परीक्षण का उपयोग करें

किसी भी महत्वपूर्ण निर्णय से पहले–चाहे वह वित्तीय हो, पेशेवर हो या व्यक्तिगत–अपने आप से पूछें: क्या पाँच साल बाद का मेरा स्वरूप इस निर्णय के लिए मुझे धन्यवाद देगा या पछताएगा? यह सरल परीक्षण आपको अपने भविष्य के प्रति जवाबदेह बनाता है–जो सबसे महत्वपूर्ण जवाबदेही है। आपका भविष्य स्वयं अभी आपसे बात नहीं कर सकता, लेकिन आप उसके हितों की रक्षा कर सकते हैं। भले ही इसके लिए आपको अपने वर्तमान से कुछ त्याग करना पड़े–यही समझदारी की असली पहचान है।

05 अपने वचन का सबसे अधिक सम्मान करें

आंतरिक जवाबदेही की नींव है–आपका अपने ही वादों के साथ संबंध। हर बार जब आप खुद से कहते हैं कि आप कुछ करेंगे और नहीं करते–आप उस संबंध को कमजोर करते हैं। और हर बार जब आप वही करते हैं जो आपने खुद से कहा था–आप उसे मजबूत करते हैं। छोटे से शुरू करें। ऐसे छोटे वादे करें,

जिन्हें आप निभा सकें। उन्हें निभाएँ। फिर धीरे-धीरे उन्हें बढ़ाएँ। इसी तरह आप अपने ऊपर भरोसा बनाते हैं–घोषणा से नहीं, इच्छा से नहीं, बल्कि लगातार निभाए गए छोटे-छोटे वादों से–खासकर तब, जब कोई और आपको देख नहीं रहा होता।

आज़ादी का सही उपयोग – वास्तव में यह कैसा दिखता है

ऊपर की सारी बातें आज़ादी के गलत उपयोग के खतरों के बारे में थीं। लेकिन जब आज़ादी का सही उपयोग होता है, तो वह वास्तव में असाधारण बन जाती है–और इसके लायक भी।

सही उपयोग की गई आज़ादी का मतलब है–अपने हर निर्णय की पूरी जिम्मेदारी लेना, और उनके परिणामों की भी पूरी जिम्मेदारी लेना।

जिस व्यक्ति ने सच्ची आंतरिक जवाबदेही बना ली है, उसे बाहरी अनुमति, बाहरी मान्यता या किसी बाहरी नियंत्रण की जरूरत नहीं होती। वह स्पष्टता और उद्देश्य के साथ आगे बढ़ता है–क्योंकि उसका अनुशासन भीतर से आता है।

वह अपने दृष्टिकोण, अपने मूल्यों और अपने भविष्य के प्रति जवाबदेह होता है–न कि किसी दर्शक के लिए।

सही उपयोग की गई आज़ादी का मतलब है–अपने आसपास के लोगों से अधिक समय होना, और उस समय का हर क्षण सोच-समझकर उपयोग करना।

जब आप दूसरों को दिखाने में, अपेक्षाओं को निभाने में या व्यवस्था से जूझने में समय बर्बाद नहीं कर रहे होते–तो आपके पास समय की एक बड़ी मात्रा होती है। जो व्यक्ति इस समय का उपयोग सीखने, निर्माण करने, सुधार करने और योजना बनाने में करता है–वह किसी भी पारंपरिक संरचना में काम करने वाले व्यक्ति से तेज़ी से आगे बढ़ता है।

सही तरीके से उपयोग की गई आज़ादी कैसी दिखती है

सही तरीके से उपयोग की गई आज़ादी का मतलब है–दबाव से नहीं, बल्कि स्पष्टता से निर्णय लेना। जब बाहरी अपेक्षाओं का शोर नहीं होता, तब आंतरिक जवाबदेही वाला व्यक्ति वही निर्णय ले पाता है जो वास्तव में सही है–न कि जो दूसरों को सही लगता है, न जो अपेक्षित है, न जो सबसे आसान या तेज़ है। ऐसी निर्णय क्षमता–जो केवल उन्हीं लोगों के पास होती है जो एक साथ स्वतंत्र और अनुशासित हैं–मनुष्य के सबसे बड़े लाभों में से एक है।

आज़ादी का मतलब संरचना का अभाव नहीं है। इसका मतलब है कि आप वह संरचना चुनते हैं, जो आपके लिए सबसे सही काम करती है। सवाल यह नहीं है कि आपके पास आज़ादी है या नहीं। जीवन के इस चरण में–जब आपके पास पैसा और युवावस्था दोनों हैं–आपके पास उतनी आज़ादी है, जितनी अधिकांश लोग कभी अनुभव भी नहीं कर पाते। असली सवाल यह है कि आप उसके साथ क्या करते हैं। और उस सवाल का जवाब–जो आप तब देते हैं जब कोई नहीं देख रहा होता–आपके आने वाले दस वर्षों को तय करेगा।

मुख्य सीख

• आज़ादी अपने आप सशक्त नहीं बनाती। यदि बाहरी जवाबदेही की जगह आंतरिक अनुशासन नहीं आता, तो आज़ादी भटकाव बन जाती है–और जब यह भटकाव पैसे और युवावस्था के साथ जुड़ता है, तो यह तेजी से बढ़ता है।

• जब कोई नहीं देख रहा होता, तब आप कौन हैं–यही आपकी, असली पहचान है। जीवन का यह चरण–जहाँ कोई बाहरी नियंत्रण नहीं है–आपके चरित्र को वास्तविक समय में गढ़ रहा है।

• जो नियंत्रण पहले बाहरी जवाबदेही देती थी, अब आपको उसे भीतर बनाना होगा। यह अपने आप नहीं होता–इसे जानबूझकर बनाना पड़ता है।

• अपनी संरचना खुद बनाइए, अपने व्यवहार को ट्रैक कीजिए, किसी एक व्यक्ति के प्रति जवाबदेह बनिए, "भविष्य के स्वयं" का परीक्षण कीजिए, और अपने हर वादे का सम्मान कीजिए।

• सही तरीके से उपयोग की गई आज़ादी–आंतरिक अनुशासन के साथ–मनुष्य के लिए सबसे शक्तिशाली स्थितियों में से एक है। यह निर्णयों में स्पष्टता, समय पर अधिकार और निर्माण की गति देती है, जो किसी भी पारंपरिक व्यवस्था से अधिक होती है।

• सवाल यह नहीं है कि आपके पास आज़ादी है या नहीं–वह है। असली सवाल यह है कि क्या आपके पास उसे सही तरीके से इस्तेमाल करने का अनुशासन है।

अध्याय 5

अहंकार, लत और गलत संगति

तीन मूक विनाशक जो सूत्र पूर्ण होने पर सक्रिय होते हैं

"आपके भविष्य के लिए सबसे बड़ा जोखिम विफलता नहीं है। यह सफलता है – जो तैयार होने से पहले आ जाए।"

पहले चार अध्यायों में हमने उस सूत्र को समझा युवावस्था, पैसा और आज़ादी। वे परिस्थितियाँ, जो एक साथ आने पर अधिकतम खतरा पैदा करती हैं।

लेकिन यह सूत्र आपको सीधे नष्ट नहीं करता। यह परिस्थितियाँ बनाता है। और उन्हीं परिस्थितियों के भीतर–जो तब सक्रिय होती हैं जब यह संयोजन पूरा होता है, और अक्सर तब तक अदृश्य रहती हैं जब तक वे गंभीर नुकसान न कर दें–तीन विशेष खतरे उभरते हैं।

वे खुद को घोषित नहीं करते। वे चेतावनी के संकेतों के साथ नहीं आते। वे चुपचाप बढ़ते हैं–उस आत्मविश्वास के भीतर जो

युवावस्था देती है, उस पहुँच के भीतर जो पैसा देता है, और उस निजीपन के भीतर जो आज़ादी देती है।

जब तक अधिकांश लोग उन्हें पहचानते हैं–अहंकार, लत और गलत संगति–तब तक नुकसान हो चुका होता है। रिश्ते टूट चुके होते हैं। पैसा खत्म हो चुका होता है। अवसर हाथ से निकल चुके होते हैं। और कई साल उस चीज़ से उबरने में लग जाते हैं, जो शुरू में लगभग नज़र भी नहीं आती थी।

यह अध्याय इन्हें स्पष्ट रूप से नाम देता है। क्योंकि आप उस चीज़ से लड़ नहीं सकते, जिसे आप देख ही नहीं सकते।

भाग एक – अहंकार: आपके भीतर का अदृश्य दुश्मन

अहंकार आत्मविश्वास नहीं है। यह अंतर बेहद महत्वपूर्ण है–और अक्सर गलत समझा जाता है।

आत्मविश्वास कहता है: मैंने तैयारी की है, मैं अपनी ताकतों को समझता हूँ, मुझे विश्वास है कि मैं यह कर सकता हूँ। आत्मविश्वास वास्तविकता पर आधारित होता है। वह अनिश्चितता को स्वीकार करता है और फिर भी आगे बढ़ता है। आत्मविश्वास आपको बेहतर बनाता है।

अहंकार कहता है: मैं दूसरों से बेहतर हूँ। मुझे किसी की सलाह की जरूरत नहीं है। मैं पहले से सब जानता हूँ। जो नियम सब पर लागू होते हैं, वे मुझ पर लागू नहीं होते।

अहंकार वास्तविकता से कटा हुआ होता है। वह अनिश्चितता को कमजोरी मानता है। अहंकार आपको खराब बनाता है–धीरे-धीरे, चुपचाप, और फिर अचानक।

और यही समस्या है। जब युवावस्था, पैसा और आज़ादी एक साथ आते हैं–तो अहंकार अनुमति नहीं माँगता। वह अपने आप बढ़ता है। यह उसी सूत्र का स्वाभाविक परिणाम है।

युवावस्था ऊर्जा देती है। पैसा विकल्प देता है। आज़ादी आत्मविश्वास देती है। साथ – बिना समझदारी के – Ego देते हैं। और Ego वह सबसे महँगी चीज़ है जो अधिकांश युवाओं के पास होती है।

इस चरण में अहंकार कैसे बढ़ता है

यह छोटा शुरू होता है। लगभग महसूस भी नहीं होता।

आप एक निर्णय लेते हैं–वित्तीय, व्यक्तिगत, या पेशेवर–और वह सफल हो जाता है। व्यवसाय पैसा कमाता है। निवेश लाभ

देता है। कोई प्रोजेक्ट सफल हो जाता है। और स्वाभाविक रूप से, आप उस सफलता का श्रेय अपनी समझ और क्षमता को देने लगते हैं। कभी-कभी यह सही भी होता है। लेकिन अक्सर इसमें किस्मत, समय, अनुकूल परिस्थितियाँ और दूसरों की मदद का योगदान अनदेखा हो जाता है। लेकिन "मैं सही था"– यह एहसास, खासकर तब जब दूसरों को आप पर संदेह था– नशे जैसा होता है। और यह नशा निर्णय लेने की क्षमता को कमजोर कर देता है।

अगला निर्णय और ज्यादा आत्मविश्वास के साथ लिया जाता है। कम रिसर्च। कम सलाह। कम सावधानी। आखिरकार–आप पिछली बार सही थे। आपने खुद को साबित कर दिया है। फिर धीमे क्यों चलना? और यहीं से अहंकार आपको नुकसान पहुँचाना शुरू करता है। बड़े नाटकीय पलों में नहीं–बल्कि शांत पलों में। वह सलाह जिसे आप अनदेखा कर देते हैं–क्योंकि आपको लगता है कि आप पहले से जानते हैं। वह चेतावनी जिसे आप नजरअंदाज कर देते हैं–क्योंकि वह किसी ऐसे व्यक्ति से आती है, जो आपसे ज्यादा सफल है लेकिन आपको कम सही लगता है। वह जोखिम, जो आप बिना तैयारी के लेते

हैं–क्योंकि आपका पिछला अनुभव आपको यह विश्वास दिलाता है कि आप सब संभाल लेंगे।

अहंकार भीतर से अहंकार जैसा महसूस नहीं होता। वह स्पष्टता जैसा लगता है। आत्मविश्वास जैसा लगता है। ऐसा लगता है कि आप खुद को इतनी अच्छी तरह जानते हैं कि अपनी प्रवृत्ति पर भरोसा कर सकते हैं। और जो विनाश वह लाता है, वह हमेशा चौंकाता है–क्योंकि उसके भीतर रहने वाला व्यक्ति उसे देख ही नहीं पाता।

अहंकार के सात संकेत

01 आप सलाह माँगना बंद कर देते हैं।

इसलिए नहीं कि आप सब जानते हैं–बल्कि इसलिए कि पूछना आपको यह स्वीकार करने जैसा लगता है कि आप नहीं जानते। समझदार व्यक्ति लगातार सलाह लेता है। अहंकार से चलने वाला व्यक्ति इसे कमजोरी मानता है।

02 जब सलाह दी जाए तो सुनते नहीं।

लोग बोलते हैं। आप सुनते हैं–लेकिन आपने पहले ही तय कर लिया होता है। सलाह आप तक पहुँचने से पहले ही गुजर जाती है, क्योंकि आप वास्तव में उसे स्वीकार करने

के लिए खुले नहीं होते। आप सुधार नहीं, बल्कि पुष्टि ढूँढ रहे होते हैं।

03 आप मानते हैं कि आपकी सफलता पूरी तरह आपकी है।

समय, किस्मत, दूसरों का सहयोग, अनुकूल परिस्थितियाँ– ये सब कहानी से गायब हो जाते हैं। बचता है केवल एक कथानक, जिसमें आपकी समझ और क्षमता ही हर सफलता का कारण होती है। यह कथानक हमेशा कम से कम आंशिक रूप से गलत होता है–और इसे पूरी तरह सच मान लेना आपको उन परिस्थितियों के लिए तैयार नहीं रहने देता, जो कम अनुकूल हों।

04 आप खुद को सहमत होने वाले लोगों से घेर लेते हैं।

असहमति असहज लगने लगती है। जो लोग आपकी सोच को चुनौती देते हैं, वे नकारात्मक या विरोधी लगने लगते हैं। धीरे-धीरे, बिना जाने, आप अपने आपको ऐसे लोगों से घिरा पाते हैं जो केवल आपकी मौजूदा मान्यताओं को ही सही ठहराते हैं।

यह किसी भी निर्णय लेने वाले के लिए सबसे खतरनाक स्थितियों में से एक है।

05 आप कम तैयारी के साथ बड़े जोखिम लेते हैं।

शुरुआती सफलता आपको यह महसूस कराती है कि तैयारी की जरूरत नहीं थी–कि आपके पास चीज़ों को समझने की प्राकृतिक क्षमता है, जो विस्तृत योजना को अनावश्यक बना देती है। यह अहंकार की आवाज़ है। हर वह जोखिम जो पर्याप्त तैयारी के बिना लिया जाता है, वह आपके भविष्य के संसाधनों पर लिया गया दांव होता है।

06 आप अधिक अनुभव वाले लोगों को नजरअंदाज करने लगते हैं।

वह व्यक्ति जिसने असफलताएँ देखी हैं, जिनसे आप सीख सकते हैं–वह आपके लिए सीख का स्रोत होता है। लेकिन अहंकार उनकी सावधानी को सीमा समझ लेता है।

उनका अनुभव आपको यह दिखाने के बजाय कि रास्ता कितना कठिन हो सकता है, आपके लिए यह प्रमाण बन जाता है कि वे उतने सक्षम नहीं हैं जितना आप खुद को मानते हैं।

07 आप सही होने को समझदार होने के बराबर मान लेते हैं।

अहंकार "सही" होने का जश्न मनाता है। समझदारी यह समझती है कि एक बार या कई बार सही होना, यह साबित नहीं करता कि आपको पूरी तस्वीर समझ में आ गई है।

सबसे समझदार लोग वे होते हैं जो सबसे ज्यादा जिज्ञासु रहते हैं, सबसे खुले रहते हैं, और यह स्वीकार करने के लिए तैयार रहते हैं कि उन्हें कुछ ऐसा बताया जाए, जिसके बारे में उन्होंने पहले नहीं सोचा था।

यह खुलापन अहंकार के साथ टिक नहीं सकता।

अहंकार को कैसे संभालें, उससे पहले कि वह आपको संभालने लगे

अहंकार को पूरी तरह खत्म नहीं किया जा सकता–और करना भी नहीं चाहिए। अहंकार का पूरी तरह अभाव आपको निष्क्रिय बना सकता है–निर्णय लेने, कदम उठाने और नेतृत्व करने की क्षमता कम कर सकता है। रूरत अहंकार को खत्म करने की नहीं, बल्कि उसे नियंत्रित करने की है। उसे सही स्थान पर रखने की–जहाँ वह आपको आगे बढ़ाने

का ईंधन बने, न कि वास्तविकता को बिगाड़ने वाला फिल्टर।

✓ **सफलता के बाद जानबूझकर विनम्रता का अभ्यास करें।**

हर सफलता के बाद, अगले निर्णय पर बढ़ने से पहले, ईमानदारी से यह देखें: आपने क्या गलत किया, कहाँ आपको किस्मत का साथ मिला, और किसने आपकी मदद की।

यह आत्म-आलोचना नहीं है। यह सटीक समझ है। यह आपकी कहानी को सच्चा बनाए रखता है और आपके अहंकार को संतुलित रखता है।

✓ **सक्रिय रूप से ऐसे लोगों की खोज करें जो चुनौती दें।**

अपने जीवन में कम से कम एक ऐसा व्यक्ति रखें, जिसका काम–औपचारिक या अनौपचारिक रूप से–आपको वह बातें बताना हो, जो आप सुनना नहीं चाहते।

एक मार्गदर्शक, एक सलाहकार, या एक भरोसेमंद व्यक्ति जो आपकी हर बात से सहमत न हो। इस संबंध को सावधानी से बनाइए। यह आपके किसी भी वित्तीय संसाधन से अधिक मूल्यवान हो सकता है।

✓ **अपने विचारों और अपनी पहचान को अलग करें।**

जब कोई आपके विचार को चुनौती देता है, तो अहंकार इसे आपके व्यक्तित्व पर हमला मानता है। खुद को प्रशिक्षित करें कि दोनों को अलग रखें। आपका विचार गलत हो सकता है, लेकिन इसका मतलब यह नहीं कि आप गलत हैं। आपकी योजना असफल हो सकती है, लेकिन इसका मतलब यह नहीं कि आप असफल हैं। यह अलगाव–निर्णय और निर्णय लेने वाले के बीच–आपको सीखते रहने देता है, बजाय रक्षात्मक हो जाने के।

भाग दो – लत: वह आदत जो बनती है जब कोई नहीं देख रहा

हमने अध्याय दो में लत के बारे में बात की थी–इस बारे में कि अपने वातावरण से पहले अपनी लत को खुद चुनना क्यों जरूरी है।

लेकिन जब पूरा सूत्र सक्रिय हो जाता है–जब अहंकार जाग जाता है, पैसा पहुँच देता है और आज़ादी आपको निजी स्थान देती है–तब लत को और गहराई से समझने की जरूरत होती है। क्योंकि यही वह चरण है, जहाँ लत बनती है। हमेशा नाटकीय रूप से नहीं। हमेशा उन स्पष्ट तरीकों में नहीं, जिन्हें लोग लत के रूप

में पहचानते हैं। अक्सर यह चुपचाप शुरू होती है–धीरे-धीरे–जश्न, इनाम और आनंद की भाषा में छिपकर।

और जब तक यह पैटर्न साफ़ दिखने लगता है–जब तक यह आदत जरूरत बन जाती है, आनंद आवश्यकता में बदल जाता है, और चुनाव एक मजबूरी बन जाता है–तब तक यह सूत्र अपना महत्वपूर्ण नुकसान कर चुका होता है।

यह एक चुनाव के रूप में शुरू होता है।
यह एक आदत के रूप में जारी रहता है।
यह एक जरूरत के रूप में समाप्त होता है।

इस चरण में लत के लिए आदर्श परिस्थितियाँ क्यों बनती हैं

पहुँच। (Acess)

पैसा लगभग हर तरह की आदत, व्यवहार और वातावरण के लिए आर्थिक बाधा को हटा देता है। जो पहले कभी-कभार उपलब्ध था, वह अब आसानी से उपलब्ध हो जाता है। जो पहले कभी-कभी होता था, वह अब नियमित हो जाता है। पैसा लत पैदा नहीं करता–लेकिन उस पर लगे हर स्वाभाविक सीमा को हटा देता है।

गोपनीयता।(Privacy)

आज़ादी सामाजिक नियंत्रण को हटा देती है। जब कोई नहीं देख रहा होता–न माता-पिता, न नियोक्ता, न कोई सामाजिक व्यक्ति जिसकी राय मायने रखती हो–तो व्यवहार पर लगे प्राकृतिक ब्रेक हट जाते हैं।

आप जो चाहें, जब चाहें कर सकते हैं–बिना किसी बाहरी परिणाम के। शुरुआत में... जब तक आंतरिक परिणाम जमा होने नहीं लगते।

ऊर्जा।(Energy)

युवावस्था आपको वह शारीरिक क्षमता देती है, जिससे आप ऐसे व्यवहारों को बनाए रख सकते हैं, जिन्हें एक अधिक उम्र का शरीर सहन नहीं कर पाता। देर रातें, अधिकता, बार-बार दोहराव– ये सब 25 की उम्र में आसान लगते हैं, 45 की तुलना में।

शरीर शुरुआत में सजा को सह लेता है। इसलिए नुकसान को पहचानना मुश्किल हो जाता है–जब तक कि वह काफी बढ़ न जाए।

अहंकार।(Ego)

इस चरण में बढ़ने वाला अहंकार चेतावनी के प्रति एक तरह की प्रतिरोधक क्षमता पैदा कर देता है।

"मैं संभाल सकता हूँ।"

"मुझे अपनी सीमाएँ पता हैं।"

"यह कोई समस्या नहीं है–मैं जब चाहूँ रोक सकता हूँ।"

ये विचार केवल लत वाले लोगों तक सीमित नहीं हैं। यह मानव अहंकार की सामान्य प्रतिक्रिया है, जब वह किसी बढ़ती निर्भरता के संकेतों से टकराता है।

और यही सोच हस्तक्षेप को तब तक टालती रहती है, जब तक लत गहराई से जड़ नहीं पकड़ लेती।

वह लतें जिनके बारे में कोई नहीं बोलता

जब लोग "लत" शब्द सुनते हैं, तो वे नशे जैसी चीज़ों के बारे में सोचते हैं। लेकिन इस चरण की सबसे आम और सबसे खतरनाक लतें अक्सर ज्यादा सूक्ष्म होती हैं–और इसी कारण ज्यादा खतरनाक होती हैं।

जीवनशैली की लत।

जो रेस्टोरेंट पहले एक खास अनुभव लगता था, वह सामान्य बन जाता है। जो कपड़े पहले खास थे, वे अब न्यूनतम लगते

हैं। यात्रा, इवेंट्स, अनुभव–सब बढ़ते जाते हैं, ताकि उस स्तर को बनाए रखा जा सके, जो पैसा बना देता है।

जीवनशैली की लत खतरनाक इसलिए है क्योंकि यह सफलता जैसी दिखती है। बाहर से देखने वालों को यह सफलता ही लगती है।

जब तक पैसा खत्म नहीं हो जाता। और जीवनशैली बनी रहती है–कर्ज से, गलत फैसलों से, और उस छवि को बनाए रखने की कोशिश से, जो कभी स्थायी थी ही नहीं।

मान्यता की लत।

सोशल मीडिया ने एक नई तरह की लत पैदा की है–बाहरी स्वीकृति की जरूरत। लाइक्स, व्यूज़, फॉलोअर्स, कमेंट्स के माध्यम से। जब पैसा और आज़ादी उस जीवनशैली को संभव बनाते हैं, जो यह स्वीकृति पैदा करती है–तो यह चक्र बहुत शक्तिशाली हो जाता है। फैसले इस आधार पर लिए जाने लगते हैं कि वास्तव में क्या सही है, इसके बजाय क्या सबसे ज्यादा प्रतिक्रियादेगा। व्यवसाय इसलिए शुरू नहीं होता कि वह समस्या हल करता है–बल्कि इसलिए कि वह प्रभावशाली

दिखता है।

निवेश इसलिए नहीं होता कि वह समझदारी भरा है–बल्कि इसलिए कि उसे दिखाया जा सकता है। यह लत युवावस्था की ऊर्जा को निर्माण से हटाकर प्रदर्शन की ओर मोड़ देती है।

उत्तेजना की लत।

कुछ वास्तविक बनाना–दैनिक काम, धीरे-धीरे प्रगति, और लंबे समय तक बिना दिखने वाले परिणाम–स्वभाव से रोमांचक नहीं होता। लेकिन युवावस्था, जब पैसे और आज़ादी के साथ मिलती है, तो लगातार नई उत्तेजनाओं तक पहुँच बना देती है–नई चीज़ें, नए अनुभव, नए मौके। समस्या यह है कि समय के साथ उत्तेजना की सीमा बढ़ती जाती है। जो पहले रोमांचक लगता था, वह सामान्य हो जाता है। जो सामान्य था, वह उबाऊ लगने लगता है। और अगली उत्तेजना की खोज आपको उस स्थिर, निरंतर प्रयास से दूर खींच ले जाती है, जो वास्तव में कुछ बनाने के लिए जरूरी होता है।

भाग तीन – गलत साथ: वे लोग जो आपका भविष्य आपके साथ खर्च करेंगे

इस अध्याय में बताए गए सभी खतरों–अहंकार, लत और गलत संगति–में से आखिरी खतरा सबसे कम समझा गया है।

और कई मामलों में, सबसे ज्यादा विनाशकारी भी।

क्योंकि अहंकार भीतर से आता है। लत व्यक्तिगत होती है। लेकिन गलत संगति बाहर से आती है—यह दोस्ती और अपनापन का चेहरा पहनती है, और इसे पहचानना बेहद कठिन होता है, और उससे दूर होना उससे भी ज्यादा कठिन।

जब पैसा और आज़ादी आते हैं, तो लोग भी आते हैं।

यह नकारात्मक सोच नहीं है। यह सिर्फ मानवीय व्यवहार का तरीका है। संसाधन लोगों को आकर्षित करते हैं। ऊर्जा लोगों को आकर्षित करती है। आज़ादी—कहीं भी जाने, कुछ भी करने और नए अनुभव लेने की क्षमता—लोगों को आकर्षित करती है।

इनमें से कुछ लोग सच में अच्छे होते हैं और आपके जीवन में मूल्य जोड़ते हैं। लेकिन कुछ लोग केवल उस चीज़ के लिए होते हैं जो आपके पास है—न कि आप कौन हैं।

समस्या यह है कि दूसरी श्रेणी के लोग कभी खुद को अलग से पहचान नहीं देते। वे बिल्कुल पहले समूह जैसे ही दिखते हैं। वे दोस्ती की भाषा बोलते हैं। वे अच्छे समय में आपके साथ होते हैं।

और दोनों के बीच अंतर समझने का एकमात्र तरीका समय है– और तब तक... अक्सर नुकसान हो चुका होता है।

मुझे अपने पाँच सबसे करीबी साथियों के बारे में बताएँ – मैं आपका भविष्य बता दूँगा। इसलिए नहीं कि लोग भाग्य तय करते हैं – बल्कि इसलिए कि वे दैनिक मानक, दैनिक निर्णय और दैनिक दिशा तय करते हैं।

गलत साथ कैसे काम करता है

गलत संगति आपको एक बड़े, नाटकीय पल में नहीं तोड़ती। यह धीरे-धीरे काम करती है–छोटे-छोटे प्रभावों, छोटे फैसलों और आपकी ऊर्जा व संसाधनों की छोटी-छोटी दिशा बदलकर।

वे आपका पैसा आपके साथ खर्च करते हैं।

गलत संगति में रहने वाला व्यक्ति अक्सर अपना पैसा खर्च नहीं करता। वह आपके अवसरों, आपकी योजनाओं और आपके संसाधनों के प्रति उत्साहित होता है।

रेस्टोरेंट का बिल, ट्रिप, निवेश का विचार–वे हमेशा खर्च के समय मौजूद होते हैं, लेकिन उसके परिणामों के समय शायद ही कभी।

वे आपके बुरे आवेगों को सही ठहराते हैं।

अहंकार कहता है: तुम्हें सलाह की जरूरत नहीं है।

गलत संगति कहती है: बिल्कुल सही।

अहंकार कहता है: यह जोखिम लेना चाहिए।

गलत संगति कहती है: हाँ, कर डालो।

आपके जीवन में वे लोग, जो हर बात पर आपसे सहमत होते हैं—वे सच्चे दोस्त नहीं होते। वे केवल "आरामदायक आईना" होते हैं—और आरामदायक आईना आपको गिरने से नहीं बचाता।

वे आपको अपने स्तर की ओर खींचते हैं।

आपके आसपास के लोगों के मानक, आदतें और लक्ष्य एक तरह का गुरुत्वाकर्षण क्षेत्र बनाते हैं।

अगर वे लापरवाही से खर्च करते हैं, तो आपका खर्च भी उसी दिशा में बढ़ने लगता है। अगर उनके पास लंबे समय के लक्ष्य नहीं हैं, तो उनके खिलाफ जाने का सामाजिक दबाव बढ़ जाता है। अगर उनकी बातचीत सिर्फ मनोरंजन और शिकायत तक

सीमित है, तो आपकी सोच भी उसी स्तर पर सीमित हो जाती है।

यह कमजोरी नहीं है–यह इंसानी स्वभाव है। हम अपने आसपास के वातावरण से गहराई से प्रभावित होते हैं।

इसीलिए, अपने आसपास के लोगों को उसी सावधानी से चुनना चाहिए, जैसे आप किसी बड़े निवेश को चुनते हैं।

जब पैसा जाता है – वे भी जाते हैं।

यह सबसे सटीक और सबसे कठोर सच्चाई है–और अक्सर तभी समझ में आती है जब बहुत देर हो चुकी होती है।

जब संसाधन खत्म हो जाते हैं, जब जीवनशैली गिरने लगती है, जब कठिन समय आता है–तब कौन रहता है?

इस सवाल का जवाब आपको साफ़ और स्थायी रूप से बता देता है कि आपकी वास्तविक संगति कौन है।

अधिकांश लोग यह सच बहुत महंगी कीमत चुकाकर सीखते हैं।

संगति को सोच-समझकर कैसे चुनें

जब आपके पास नया विचार या योजना हो:

गलत संगति: तुरंत सहमत हो जाती है और अवसर को लेकर उत्साहित हो जाती है।

सही संगति: सोच-समझकर सवाल पूछती है। जोखिमों को पहचानती है। आपकी धारणाओं को चुनौती देती है–और फिर सही मूल्यांकन के बाद आपका समर्थन करती है।

जब आपसे गलती हो:

गलत संगति: उसे छोटा दिखाती है। जल्दी से आपको तसल्ली देती है और बिना ईमानदार समीक्षा के आगे बढ़ जाती है।

सही संगति: आपको समझने में मदद करती है कि गलती कहाँ हुई। सच बोलती है–भले ही वह असहज हो। और मुश्किल समय में भी आपके साथ खड़ी रहती है।

जब आप पैसा खर्च करें:

गलत संगति: आपको और खर्च करने के लिए प्रेरित करती है। आपके खर्च से लाभ उठाती है। कभी भी आपके फैसले की समझदारी पर सवाल नहीं उठाती।

सही संगति: कभी-कभी पूछती है कि क्या यह आपके लक्ष्यों के अनुरूप है। खुद में वित्तीय अनुशासन रखती है। आपके खर्च से सीधे लाभ नहीं उठाती।

जब समय कठिन हो:

गलत संगति: कम उपलब्ध हो जाती है। आने के बहाने ढूँढती है। आपकी समस्या से ध्यान हटाने की कोशिश करती है।

सही संगति: और ज्यादा साथ खड़ी होती है। वास्तविक सहयोग देती है–समय, सलाह और सच्चाई के साथ–सिर्फ सुविधा के समय नहीं।

एक व्यक्ति खोजें – बस एक – जो उस मार्ग पर दस वर्ष आगे है जो आप चलना चाहते हैं। यह संबंध – एक वास्तविक गुरु जिसका कोई एजेंडा नहीं सिवाय आपके विकास के – लगभग किसी भी वितीय संपत्ति से अधिक मूल्यवान है।

सबसे महत्वपूर्ण संगति का निर्णय जो आप ले सकते हैं

एक व्यक्ति ढूँढिए–बस एक–जो उस रास्ते पर आपसे दस साल आगे हो, जिस पर आप चलना चाहते हैं। कोई ऐसा जिसने वह बनाया हो, जो आप बनाना चाहते हैं। जिसने वही रास्ता तय किया हो, जो आप तय कर रहे हैं। जिसने गलतियाँ की हों, उनसे सीखा हो, और जो आपको ईमानदारी से सच बताने के लिए तैयार हो।

ऐसा संबंध–एक सच्चा मार्गदर्शक–जिसका कोई स्वार्थ नहीं, केवल आपका विकास–इस चरण में आपके पास मौजूद लगभग किसी भी वित्तीय संसाधन से अधिक मूल्यवान होता है।

वह स्पष्टता देता है। वह दृष्टिकोण देता है। वह शुरुआती चेतावनी देता है–जो आपको वर्षों की महंगी गलतियों से बचा सकती है।

इस संबंध को संभालकर रखिए। उसका सम्मान कीजिए। जो वह दिखाता है, उसे खुले मन से स्वीकार कीजिए–खासकर तब, जब वह आपको असहज लगे। और जब आप खुद इस रास्ते पर आगे बढ़ जाएँ–तो किसी और के लिए वही व्यक्ति बनिए। क्योंकि समझदारी को आगे बढ़ाने का सबसे अच्छा तरीका है–उसे बाँटना।

अहंकार, लत और गलत संगति–ये तीनों विनाशक हैं। शुरुआत में ये बड़े नहीं लगते। लेकिन समय के साथ, इनका प्रभाव बहुत बड़ा हो जाता है।

जो युवा इन्हें पहचान लेता है–जो इनके नाम जानता है, इनके संकेतों को समझता है, और इनके अनुसार सचेत निर्णय लेता

है–वह पहले ही उन लोगों से अलग हो जाता है, जो बिना समझ के इस रास्ते पर चलते हैं।

आपके पास यह सूत्र हो सकता है–और फिर भी आप उससे नष्ट न हों। लेकिन तभी, जब आप यह देख सकें कि यह आपके भीतर और आपके आसपास क्या बना रहा है।

अब आप देख सकते हैं।

अब आप क्या करते हैं–यह आपका चुनाव है।

मुख्य सीख

- अहंकार आत्मविश्वास नहीं है। आत्मविश्वास वास्तविकता पर आधारित होता है। अहंकार उससे कटा हुआ होता है। जब युवावस्था, पैसा और आज़ादी एक साथ आते हैं–तो अहंकार अपने आप, चुपचाप और महंगे तरीके से बढ़ता है।
- अहंकार के संकेत–सलाह लेना बंद करना, सलाह को नजरअंदाज करना, सफलता का गलत श्रेय लेना, और खुद को केवल सहमति देने वाले लोगों से घेर लेना–इन्हें सक्रिय रूप से पहचानना और संभालना जरूरी है।

• यह चरण लत के लिए आदर्श परिस्थितियाँ बनाता है: पैसे से पहुँच, आज़ादी से निजता, युवावस्था से ऊर्जा, और अहंकार से चेतावनी के प्रति प्रतिरोध। पैटर्न को पहचानिए–उससे पहले कि वह आपको पकड़ ले।

• सबसे खतरनाक लतें अक्सर दिखाई नहीं देतीं: जीवनशैली की लत, मान्यता की लत, और उत्तेजना की लत। इनमें से कोई भी भीतर से समस्या जैसी नहीं लगती।

• गलत संगति खुद को घोषित नहीं करती। वह दोस्ती जैसी दिखती है। वह आपके सबसे खराब आवेगों को सही ठहराती है, आपके पैसे के साथ खर्च करती है, और परिस्थितियाँ बदलने पर गायब हो जाती है।

• अपनी संगति को उतनी ही सोच-समझकर चुनें, जितनी आप किसी बड़े निवेश को चुनते हैं–क्योंकि आपके भविष्य के संदर्भ में, आपके सबसे करीबी लोग ही आपका सबसे महत्वपूर्ण निवेश हैं।

अध्याय 6

धैर्य

वह कौशल जो कोई नहीं सिखाता – और जो सफल होते हैं सभी ने अर्जित किया है

"नदी पत्थर को काटती है – अपनी शक्ति से नहीं – अपनी दृढ़ता से।" – James N. Watkins

यह एक ऐसी सच्चाई है, जिसे पहली बार सुनकर आपको निराशा हो सकती है–और बाद में आप आभारी होंगे कि किसी ने इसे आपको पहले ही बता दिया।

आप जो भी बना रहे हैं–एक व्यवसाय, एक वित्तीय आधार, एक कौशल, एक पहचान, एक ऐसा जीवन जो जीने लायक हो–उसे बनने में आपकी अपेक्षा से कहीं अधिक समय लगेगा। काफी अधिक समय। और यह अंतर–आप जितना समय सोचते हैं और वास्तव में जितना समय लगता है–यही वह जगह है, जहाँ पैसा और आज़ादी रखने वाला एक युवा सबसे ज्यादा भटक सकता है।

क्योंकि इसी अंतर में लोग हार मान लेते हैं। दिशा बदल लेते हैं। या उस चीज़ को खर्च कर देते हैं, जिसे निवेश होना चाहिए था।

या यह निष्कर्ष निकाल लेते हैं कि यह काम नहीं कर रहा– जबकि सच्चाई यह होती है कि उसे काम करने का पर्याप्त समय ही नहीं मिला है।

धैर्य का मतलब निष्क्रिय प्रतीक्षा नहीं है। यह केवल बैठकर उम्मीद करना नहीं है। यह एक सक्रिय, अनुशासित, रोज़ का चुनाव है–कुछ ऐसा बनाते रहने का, जिसके परिणाम अभी दिखाई नहीं दे रहे हैं–लेकिन आप भीतर से जानते हैं कि वे आ रहे हैं।

वे बस उस समयरेखा पर काम कर रहे हैं, जिसे युवावस्था लगभग असहनीय मानती है।

युवावस्था और धैर्य स्वाभाविक शत्रु क्यों हैं

युवावस्था जल्दबाज़ी के लिए बनी है। इसकी जैविक सच्चाई यह है कि हर चीज़ अभी महत्वपूर्ण लगती है–अवसर, संबंध, निर्णय, परिणाम–सब कुछ। इसमें एक तीव्रता होती है, जो इंतज़ार को नुकसान जैसा महसूस कराती है।

यह जल्दबाज़ी हमारे पूर्वजों के लिए उपयोगी थी। उस समय, जब जीवित रहने के लिए तुरंत निर्णय और कार्रवाई जरूरी थे–वह युवा जो हिचकिचाता था, वह टिक नहीं पाता था।

तुरंत कार्रवाई की यह प्रवृत्ति हमारे भीतर गहराई से मौजूद है।

लेकिन आज हम उस वातावरण में नहीं हैं। अब हम ऐसे दौर में हैं, जहाँ सबसे बड़े परिणाम–आर्थिक, पेशेवर, व्यक्तिगत–उन्हें मिलते हैं, जो लंबे समय तक बिना तुरंत परिणाम देखे निरंतर प्रयास कर सकते हैं।

जहाँ "कंपाउंडिंग"–पैसे का, कौशल का, प्रतिष्ठा का–सिर्फ तभी काम करता है, जब आप उसे समय देते हैं। जहाँ वह व्यक्ति, जो इंतज़ार करते हुए भी लगातार काम करता रहता है, लगभग हमेशा उस व्यक्ति से आगे निकल जाता है, जिसे तुरंत परिणाम चाहिए। जो जैविक प्रवृत्ति हमारे पूर्वजों को जीवित रखती थी–वही आज आपके खिलाफ काम कर रही है।

इसे समझना धैर्य को आसान नहीं बनाता। लेकिन यह अधीरता के संघर्ष को समझ में लाता है–और उससे जुड़ी शर्म को खत्म कर देता है।

अधीरता कोई चरित्र की कमी नहीं है। यह एक जैविक प्रवृत्ति है। धैर्य स्वाभाविक नहीं है। यह एक कौशल है–और हर कौशल की तरह, इसे जानबूझकर विकसित करना पड़ता है।

कुछ बनाने की वास्तविक समयरेखा

आइए पूरी ईमानदारी से समझें कि चीज़ें वास्तव में कितना समय लेती हैं। इंस्टाग्राम वाला संस्करण नहीं। हाइलाइट रील नहीं। बल्कि वह वास्तविक समयरेखा, जिससे होकर वे लोग गुज़रे हैं जिन्होंने टिकाऊ चीज़ें बनाई हैं।

वर्ष 1 – सब अनिश्चित है

क्या होता है:

आपका विचार परीक्षण में होता है। आय अस्थिर होती है या बिल्कुल नहीं होती। आप वह सीख रहे होते हैं, जो आपको पहले नहीं पता था। आपके अधिकांश प्रयासों का कोई दिखाई देने वाला परिणाम नहीं मिलता। यह निष्कर्ष निकालने का प्रलोभन कि "यह काम नहीं कर रहा" बहुत मजबूत होता है।

धैर्य कैसा दिखता है:

टिके रहना। सीखना। सुधार करना। दिखाई देने वाले परिणामों की कमी को प्रगति की कमी न समझें। पेड़ की जड़ें ज़मीन के ऊपर तना बनने से पहले लंबे समय तक नीचे ही बढ़ती हैं।

वर्ष 2 – शुरुआती संकेत दिखने लगते हैं

क्या होता है:

कुछ चीज़ें काम करने लगती हैं। पैटर्न उभरने लगते हैं। आप अपने ग्राहक, अपने बाज़ार और अपनी प्रक्रिया को बेहतर समझने लगते हैं। लेकिन विकास अभी भी अस्थिर होता है। अच्छे महीने होते हैं, और बहुत खराब महीने भी। आसपास के लोग, जिन्होंने सुरक्षित रास्ता चुना, वे आपसे बेहतर करते हुए दिख सकते हैं।

धैर्य कैसा दिखता है:

यही वह सबसे खतरनाक समय होता है हार मान लेने का। जो व्यवसाय दूसरे साल में बंद हो जाता है, वह अक्सर सफलता के बिल्कुल करीब होता है। ईमानदारी से मूल्यांकन करें–क्या मॉडल में मूल समस्या है, या बस समय अभी कम पड़ा है? ये दोनों बहुत अलग बातें हैं।

वर्ष 3 – वास्तविक गति या वास्तविक स्पष्टता

क्या होता है:

तीसरे साल तक तस्वीर काफी साफ हो जाती है। या तो वास्तविक प्रगति दिखने लगती है–वापसी करने वाले ग्राहक, पहचान, लगातार बढ़ती आय–या फिर यह स्पष्ट हो जाता है कि मॉडल में कोई मूलभूत समस्या है, जिसे सिर्फ मेहनत से ठीक नहीं किया जा सकता।

धैर्य कैसा दिखता है:

अगर प्रगति दिख रही है–तो गति बढ़ाइए। पुनर्निवेश कीजिए। लगातार बने रहिए।

अगर मॉडल में समस्या है–तो समझदारी से दिशा बदलिए, घबराहट में नहीं। ये तीन साल बेकार नहीं गए–ये आपकी सीख थे।

वर्ष 4 और 5 – कंपाउंडिंग शुरू होती है

क्या होता है:

आप जो बना रहे थे–व्यवसाय, कौशल, प्रतिष्ठा–अब उसका प्रभाव बढ़ने लगता है। पहले तीन वर्षों की मेहनत अब ऐसे परिणाम देने लगती है, जो वर्तमान प्रयास से कहीं अधिक लगते हैं। यही धैर्य का असली फल है।

धैर्य कैसा दिखता है:

यही वह समय है जब लोग आपकी सफलता को "ओवरनाइट" कह देते हैं। वे उन वर्षों को नहीं देखते, जब कुछ भी दिखाई नहीं दे रहा था। उन्हें देखने दीजिए। आपको पता है इसकी कीमत क्या थी।

अधैर्य के पाँच जाल

अधीरता अक्सर खुद को "अधीरता" के रूप में प्रस्तुत नहीं

करती। यह तर्कसंगत सोच, रणनीतिक बदलाव और समझदारी भरे निर्णय के रूप में छिप जाती है।

यहाँ वे पाँच सामान्य जाल हैं–

हर एक उस समय पूरी तरह सही लगता है–

और हर एक आपको उस रास्ते से भटका सकता है, जहाँ वास्तविक सफलता बन रही होती है।

01. समय से पहले दिशा बदलना

आप आठ महीनों से कुछ बना रहे हैं। परिणाम धीमे हैं। तभी एक नया अवसर सामने आता है–ज्यादा आकर्षक, ज्यादा रोमांचक, और तेज़ परिणामों का वादा करता हुआ।

आप दिशा बदल देते हैं।

और ऐसा करते हुए, आप आठ महीनों की उस प्रगति को छोड़ देते हैं, जो धीरे-धीरे जमा हो रही थी–और फिर शून्य से एक नई दिशा में शुरू करते हैं।

आठ महीने वहाँ भी लगेंगे।

और यह पैटर्न बार-बार दोहरता है। हमेशा अगली चीज़ के पीछे भागना–इससे पहले कि वर्तमान चीज़ को खुद को साबित करने का समय मिले–ऊर्जा खर्च करने और कुछ भी स्थायी न बनाने का सबसे भरोसेमंद तरीका है।

02. अपने पहले अध्याय की तुलना किसी और के दसवें अध्याय से करना

सोशल मीडिया ने इस जाल को पहले से ज्यादा खतरनाक बना दिया है। आप परिणाम देखते हैं–सफल व्यवसाय, आर्थिक उपलब्धियाँ, पूरे किए गए लक्ष्य–लेकिन उनके पीछे के वर्षों का संघर्ष नहीं देखते।

आप पहले साल में हैं।

वे आठवें साल में हैं।

फिर भी तुलना होती है।

और निष्कर्ष निकलता है–कि आप पीछे हैं, कि आप असफल हो रहे हैं, कि आपको अब तक आगे होना चाहिए था।

यह निष्कर्ष गलत भी है और खतरनाक भी।

आपकी एकमात्र सही तुलना उस व्यक्ति से है, जो आप पिछले महीने थे।

03. निवेश को खर्च में बदल देना

जब परिणाम धीमे होते हैं और पैसा उपलब्ध होता है, तो जीवनशैली "इनाम" बन जाती है।

व्यवसाय अभी कमा नहीं रहा–लेकिन पैसा मौजूद है।

तो कार, घर, अनुभव–ये सब उस अंतर को भरने लगते हैं, जो आप उम्मीद करते थे और जो वास्तव में हो रहा है।

और जब तक व्यवसाय उस स्तर पर पहुँचता है, जहाँ निवेश से वास्तविक परिणाम मिलने चाहिए–तब तक वह पूंजी उस जीवनशैली में खर्च हो चुकी होती है, जो अस्थायी थी, लेकिन स्थायी बन गई।

04. गलत मापदंडों से प्रगति को आंकना

शुरुआती चरणों में प्रगति अक्सर पैसे या मुनाफे में दिखाई नहीं देती। वह सीखने में दिखाई देती है। रिश्ते बनाने में। प्रक्रियाओं को सुधारने में। गलतियाँ करने और उनसे समझ विकसित करने में।

जो व्यक्ति केवल पैसे में प्रगति मापता है, उसे लगातार ऐसा लगेगा कि कोई प्रगति नहीं हो रही–क्योंकि वह गलत समय पर गलत चीज़ को माप रहा है।

पहले साल के सही मापदंड हैं:

मैंने ऐसा क्या समझा, जो छह महीने पहले नहीं समझता था?

मैंने अपने ग्राहक के बारे में क्या सीखा?

05. सफलता से ठीक पहले हार मान लेना

यह सबसे दर्दनाक जाल है–और सबसे आम भी।

किसी भी महत्वपूर्ण प्रयास में वास्तविक सफलता अक्सर उस बिंदु के ठीक बाद आती है, जहाँ हार मान लेना सबसे ज्यादा तर्कसंगत लगता है। वही समय होता है, जब:

व्यवसाय को पहला बड़ा ग्राहक मिलता है।

कौशल आखिरकार "क्लिक" करता है।

निवेश वास्तव में बढ़ना शुरू करता है।

लेकिन इन पलों से पहले अक्सर सबसे ज्यादा कठिनाई और संदेह का समय आता है।

जो व्यक्ति इसी चरम कठिनाई पर हार मान लेता है, वह कभी नहीं जान पाता कि वह सिर्फ कुछ महीनों की दूरी पर था।

धैर्य वास्तव में अभ्यास में कैसा दिखता है

धैर्य कोई भावना नहीं है। यह एक प्रणाली है। जो व्यक्ति निष्क्रिय बैठता है और उसे धैर्य कहता है–वह धैर्यवान नहीं है, वह बस निष्क्रिय है। सच्चा धैर्य सक्रिय होता है, संरचित होता है, और मापने योग्य होता है। यह कुछ ऐसा दिखता है–

01 – अपनी समयरेखा को अपनी भावनाओं से अलग करें

अच्छे दिनों में, समयरेखा छोटी लगती है। बुरे दिनों में, असंभव।

दोनों ही सही नहीं हैं। अपनी समयरेखा तथ्यों और वास्तविक मानकों के आधार पर तय करें–न कि उस दिन आप कैसा महसूस

कर रहे हैं, उसके आधार पर। इसे लिखें। हर महीने इसकी समीक्षा करें। और डेटा के आधार पर इसे बदलें–भावनाओं के आधार पर नहीं।

02 – केवल परिणाम नहीं, प्रक्रिया की उपलब्धियों का भी उत्सव मनाइए

अगर आप केवल परिणामों का जश्न मनाते हैं–जैसे राजस्व लक्ष्य, मुनाफे का पड़ाव, या बड़ा लक्ष्य हासिल करना–तो शुरुआत के पहले दो वर्षों में आपके पास मनाने के लिए लगभग कुछ भी नहीं होगा। इसलिए एक "प्रक्रिया-आधारित" प्रणाली बनाइए: पहला ग्राहक, पहला दोबारा आने वाला ग्राहक, पहला रेफरल, पहला सकारात्मक नकदी प्रवाह वाला महीना, पहली भर्ती। ये सभी वास्तविक उपलब्धियाँ हैं।

03 – अपनी वित्तीय योजना में "धैर्य भंडार" (Patience Reserve) जोड़ें

पहले से यह जान लें कि आपका पूंजी कितने समय तक निर्माण के चरण को संभाल सकती है, इससे पहले कि व्यवसाय को लाभदायक होना पड़े।

अगर जवाब छह महीने है–तो आपका धैर्य आपकी पूंजी से सीमित है। इसलिए जरूरत पड़ने से पहले अपनी रनवे बढ़ाइए।

अपने व्यक्तिगत खर्च कम रखिए। वित्तीय दबाव, धैर्य का सबसे बड़ा दुश्मन होता है।

04 – उन लोगों की वास्तविक समयरेखा को समझें, जिन्हें आप सराहते हैं

लगभग हर सफलता, जो "रातों-रात" लगती है, उसके पीछे वर्षों की अनदेखी मेहनत होती है। उन लोगों की असली यात्रा को समझिए, जिनके परिणाम आप चाहते हैं। जब आपको पता चलता है कि उनकी सफलता से पहले उन्होंने सात साल तक मेहनत की–तो आपका तीसरा साल बिल्कुल अलग दिखने लगता है।

05 – प्रक्रिया को ही पुरस्कार बनाइए, केवल परिणाम को नहीं

यह सबसे गहरा और सबसे महत्वपूर्ण अभ्यास है।

जो लोग लंबे समय तक बिना बाहरी परिणाम के लगातार काम करते रहते हैं, वे वही लोग होते हैं जिन्हें प्रक्रिया में ही अर्थ और संतुष्टि मिलती है।

अगर आप केवल परिणाम के लिए काम कर रहे हैं–तो परिणाम न मिलने वाला हर दिन कठिन लगेगा।

लेकिन अगर आप उस काम को इसलिए कर रहे हैं क्योंकि वह अपने आप में महत्वपूर्ण है–तो हर दिन अपने आप में एक उपलब्धि बन जाता है।

संयोजन की सच्चाई

जो भी मूल्यवान है, वह समय के साथ बढ़ता है। पैसा बढ़ता है–ब्याज और निवेश के माध्यम से। कौशल बढ़ता है–अभ्यास और ज्ञान के संचय से। रिश्ते बढ़ते हैं–विश्वास के साथ। प्रतिष्ठा बढ़ती है–लगातार गुणवत्ता देने से। लेकिन कंपाउंडिंग की एक ही शर्त है: **समय।** आप इसके साथ सौदा नहीं कर सकते। आप इसे तेज़ नहीं कर सकते। आप इसे मजबूर नहीं कर सकते कि वह जल्दी परिणाम दे। यह अपनी ही गति से काम करता है– और आपके नियंत्रण में केवल दो चीज़ें हैं: आप कब शुरू करते हैं, और कितनी देर तक टिके रहते हैं।

जो व्यक्ति 25 की उम्र में शुरू करता है और 10 साल तक लगातार बना रहता है, वह लगभग हमेशा उस व्यक्ति से आगे निकल जाता है, जो 35 की उम्र में शुरू करता है– न कि इसलिए कि वह ज्यादा प्रतिभाशाली है, बल्कि इसलिए कि उसके पास समय ज्यादा है।

आप युवा हैं। और कंपाउंडिंग के संदर्भ में, यह आपका सबसे बड़ा लाभ है। आज से शुरू किया गया हर धैर्यपूर्ण प्रयास– आपके भविष्य के लिए एक निवेश है।

हर बार जब आप अधीर होते हैं, दिशा बदलते हैं, या बीच में छोड़ देते हैं–आप उस भविष्य को खो देते हैं, जो बन सकता था।

जो युवा जल्दी धैर्य सीखता है – वह न केवल तेज़ी से बनाता है। वह स्थायी रूप से बनाता है। क्योंकि जो धैर्य बनाता है – चरित्र, अनुशासन, संचित कौशल, वास्तविक प्रतिष्ठा – वह छीना नहीं जा सकता।

मुख्य सीख

- धैर्य निष्क्रिय इंतज़ार नहीं है। यह एक सक्रिय, रोज़ का चुनाव है–कुछ ऐसा बनाते रहने का, जिसके परिणाम अभी दिखाई नहीं दे रहे–क्योंकि आप समझते हैं कि वास्तविक परिणाम युवावस्था की अपेक्षा से लंबी समयरेखा पर आते हैं।
- किसी भी वास्तविक निर्माण की समयरेखा कम से कम 3 से 5 वर्ष की होती है। पहला वर्ष अनिश्चितता का होता है। दूसरा वर्ष शुरुआती संकेत देता है। तीसरा वर्ष स्पष्टता लाता है। चौथा और पाँचवाँ वर्ष वह समय होता है, जब कंपाउंडिंग शुरू होती है। अधिकांश लोग पहले या दूसरे वर्ष में ही हार मान लेते हैं–ठीक मोड़ आने से पहले।

• अधीरता अक्सर खुद को "तर्क" के रूप में छिपाती है–जल्दी दिशा बदलना, गलत तुलना करना, जीवनशैली पर खर्च करना, गलत मापदंडों से प्रगति को आंकना, और सफलता से ठीक पहले हार मान लेना। इन हर रूप को पहचानना सीखिए।

• धैर्य की एक प्रणाली बनाइए: समयरेखा को भावनाओं से अलग रखें, प्रक्रिया की उपलब्धियों का जश्न मनाएँ, अपनी वित्तीय रनवे बढ़ाएँ, जिन लोगों को आप सराहते हैं उनकी वास्तविक यात्रा समझें, और प्रक्रिया को ही अर्थपूर्ण बनाइए।

• हर मूल्यवान चीज़ समय के साथ बढ़ती है–पैसा, कौशल, रिश्ते, प्रतिष्ठा। और कंपाउंडिंग के लिए केवल एक चीज़ चाहिए: समय। आपके पास यह किसी से ज्यादा है–इसे सोच-समझकर उपयोग करें।

• जो व्यक्ति जल्दी धैर्य सीख लेता है, वह सिर्फ तेज़ नहीं बढ़ता–वह स्थायी रूप से बनाता है।

अध्याय 7

समझदारी कहाँ से लाएं

जब कोई देने वाला नहीं – बुद्धिमता फिर भी उपलब्ध है

"एक समझदार व्यक्ति, एक मूर्ख के सवाल से जितना सीख सकता है, उतना एक मूर्ख, एक समझदार के जवाब से नहीं सीख सकता।" – Bruce Lee

हमने यह स्थापित किया है कि बुद्धि वह चौथा तत्व है–जो इस सूत्र को विनाश से विरासत में बदल देता है।

युवावस्था + पैसा + आज़ादी + बुद्धि = आपके जीवन का सर्वोच्च स्तर। लेकिन यहाँ एक सच्चाई है, जिसका इस पुस्तक में ईमानदारी से सामना करना ज़रूरी है।

इस पुस्तक को पढ़ने वाले कई लोगों के लिए–बुद्धि उन्हें विरासत में नहीं मिली। वह पिता, जो इसका मुख्य स्रोत होना चाहिए था–या तो अब नहीं हैं... या मौजूद हैं, लेकिन मार्गदर्शन देने में अनुपस्थित... या खुद वह शिक्षा कभी प्राप्त नहीं कर पाए, जिसे आगे दिया जा सके... या उपलब्ध हैं–बोलते हैं, समझाते हैं–लेकिन सुने नहीं जाते, क्योंकि युवावस्था, पैसा और

आज़ादी मिलकर एक ऐसा आत्मविश्वास बना देते हैं, जो सुनने को अनावश्यक बना देता है।

इस अंतर–इस कमी–को समझना जरूरी है। क्योंकि जब यह सूत्र पूरी तरह सक्रिय होता है, तब बुद्धि की कमी कोई छोटी समस्या नहीं होती। यही वह अंतर है–जो तय करता है कि यह सूत्र आपको बनाएगा या तोड़ देगा।

यह अध्याय उसी अंतर को भरने के बारे में है। बुद्धि के आने का इंतज़ार नहीं करना। यह उम्मीद नहीं करना कि अनुभव खुद सिखा देगा, जो पहले मार्गदर्शन से सीखा जा सकता था।

बल्कि सक्रिय रूप से, जानबूझकर, तुरंत–हर संभव स्रोत से उस चौथे तत्व को खोज निकालना।

क्योंकि बुद्धि उपलब्ध है। यह किसी पिता की उपस्थिति तक सीमित नहीं है। यह हर जगह है–लोगों में, किताबों में, संरचित सीख में, और आपके अपने अनुभवों के ईमानदार विश्लेषण में।

आपको बस यह जानना है कि कहाँ देखना है–और देखने के लिए पर्याप्त विनम्र होना है।

समझदारी वास्तव में क्या है

इससे पहले कि हम यह समझें कि बुद्धि कहाँ मिलती है, यह समझना जरूरी है कि हम किस चीज़ को खोज रहे हैं।

क्योंकि आत्म-विकास की दुनिया में "बुद्धि" सबसे ज्यादा गलत समझे जाने वाले शब्दों में से एक है– और इसे बुद्धिमत्ता, जानकारी या प्रेरणा के साथ मिलाकर देखना आपको गलत दिशा में ले जा सकता है।

समझदारी बुद्धिमत्ता नहीं है।

बुद्धिमत्ता वह क्षमता है, जिससे आप जानकारी को तेज़ी और सटीकता से समझते हैं। आप बहुत बुद्धिमान हो सकते हैं–और फिर भी पूरी तरह अविवेकी।
आप तेज़ निर्णय ले सकते हैं–लेकिन वे मूल रूप से गलत हो सकते हैं–क्योंकि उनमें वह संदर्भ नहीं होता, जो केवल अनुभव देता है।

जीवन और वित्त की सबसे महंगी गलतियाँ अक्सर बुद्धिमान लोग ही करते हैं। क्योंकि बुद्धिमत्ता आपको यह नहीं सिखाती कि क्या न करना है–यह केवल आपको यह सिखाती है कि जो आप कर रहे हैं, उसे कैसे बेहतर करना है। बुद्धिमत्ता आपको

तेज़ बनाती है। लेकिन अगर दिशा गलत हो–तो वही तेज़ी आपको और तेजी से गलत जगह तक पहुँचा देती है।

बुद्धिमत्ता आपको इस सूत्र से नहीं बचाती।

समझदारी बचाती है।

समझदारी जानकारी नहीं है।

जानकारी यह है कि चक्रवृद्धि (compound interest) अस्तित्व में है। समझदारी यह है–जो अनुभव से या गहराई से आत्मसात किए गए ज्ञान से आती है–कि वास्तव में इसका मतलब क्या है: आज खर्च करने के बजाय, बीस वर्षों तक पैसे को बढ़ने देना।

जानकारी आप एक दोपहर में हासिल कर सकते हैं। समझदारी समय लेती है– लेकिन सही स्रोतों से सीखने पर इसे तेज़ किया जा सकता है।

समझदारी प्रेरणा नहीं है।

कोई प्रेरणादायक भाषण आपको शक्तिशाली महसूस करा सकता है, आपको शुरू करने की ऊर्जा दे सकता है– लेकिन वह समझदारी नहीं है।

वह उपयोगी हो सकता है। वह आपको शुरुआत करने की ऊर्जा दे सकता है। लेकिन दिशा के बिना ऊर्जा– सिर्फ वही सूत्र है जो

सक्रिय हो गया है। समझदारी दिशा है– यह समझ कि उस ऊर्जा का उपयोग कैसे करना है, उस आधार पर कि पहले लोगों के लिए वास्तव में क्या काम किया है और क्या नहीं।

समझदारी वह समझ है – क्यों चीज़ें काम करती हैं और क्यों विफल होती हैं – इतनी गहराई से आत्मसात कि आपके निर्णय वास्तव में बदलें – केवल भावनाएँ नहीं।

इस परिभाषा के साथ स्पष्टता आने के बाद–
अब हम उन स्रोतों की बात करते हैं, जहाँ से कोई भी व्यक्ति, अगर वह सच में खोजे, समझदारी प्राप्त कर सकता है।

समझदारी के छह स्रोत

01 गुरु – संकुचित समझदारी का सबसे तेज़ मार्ग

कोई जो वह मार्ग चल चुका हो जो आप चलना चाहते हैं – दस वर्ष आगे।

एक सच्चा गुरु, एक समझदार पिता के सबसे करीब होता है। उन्होंने गलतियाँ की हैं। वे असफलताओं से गुज़रे हैं। उन्होंने कुछ बनाया है–एक व्यवसाय, एक वित्तीय आधार, एक कौशल, एक जीवन। वे “हाइलाइट रील” नहीं, बल्कि असली रास्ता जानते हैं। उनका अनुभव

आपके वर्षों के ट्रायल और एरर को महीनों की सीख में बदल सकता है। किसी ऐसे व्यक्ति के साथ एक ईमानदार बातचीत, जो वहाँ पहुँच चुका है जहाँ आप जाना चाहते हैं– उस सौ घंटों से ज्यादा मूल्यवान है, जो आप मोटिवेशनल कंटेंट देखकर बिताते हैं।

02 पुस्तकें – उन लोगों की समझदारी जिनसे आप कभी नहीं मिलेंगे

हर पुस्तक जो किसी ने वास्तव में कुछ बनाकर लिखी – एक गुरु है जिसे आप एक पेपरबैक की कीमत पर प्राप्त कर सकते हैं।

सबसे महान वित्तीय दिमाग,

सबसे सफल उद्यमी,

सबसे गहरे विचारक–

उन्होंने जो सीखा, उसे लिख दिया है।

और वह संचित समझदारी–आपके लिए उपलब्ध है, कभी भी, किसी भी भाषा में, लगभग बिना लागत के।

जो युवा व्यक्ति गंभीरता से और निरंतर पढ़ता है– मनोरंजन के लिए नहीं, बल्कि सोचने और निर्णय लेने के ढांचे (frameworks) को समझने के लिए–

वह ऐसी गति से समझदारी इकट्ठा कर रहा है, जिसे कोई और गतिविधि मुश्किल से मैच कर सकती है।

उन लोगों की जीवनी पढ़िए, जिन्होंने वही बनाया है जो आप बनाना चाहते हैं।

उन लोगों से वित्तीय सिद्धांत सीखिए, जिन्होंने वास्तव में पैसा संभाला है।

03 संरचित सीख – ढाँचे के साथ समझदारी

पाठ्यक्रम और कार्यक्रम जो न केवल क्या बल्कि क्यों सिखाते हैं।

जानकारी और संरचित सीख में अंतर होता है।

एक YouTube वीडियो आपको जानकारी देता है।

लेकिन एक सही तरीके से बनाया गया कोर्स या प्रोग्राम आपको एक ढांचा देता है–

जानकारी को व्यवस्थित करने और उसे लागू करने का तरीका।

यही अंतर है–सिर्फ जानने और वास्तव में समझने में।

वित्तीय समझदारी के संदर्भ में, अकाउंटिंग के बेसिक्स, पर्सनल फाइनेंस, निवेश के मूल सिद्धांत, और बिज़नेस मॉडल की समझ– यह सब एक मजबूत आधार बनाते हैं,

जो आपको सबसे आम और सबसे महंगी गलतियों से बचाता है।

04 समुदाय – सामूहिक अनुभव की समझदारी

एक ही परिदृश्य में नेविगेट करने वाले लोगों का समूह जो जो पाते हैं उसे साझा करते हैं।

सही समुदाय–उद्यमियों, निवेशकों, ट्रेडर्स या किसी भी क्षेत्र के लोगों का– आपको ऐसी सामूहिक समझदारी देता है, जो कोई एक व्यक्ति या किताब नहीं दे सकती।

आप एक साथ कई लोगों के अनुभवों से सीखते हैं। आप देखते हैं कि क्या काम किया–और क्या नहीं। आपको जल्दी चेतावनियाँ मिलती हैं उन रास्तों के बारे में, जो काम नहीं करते। लेकिन यहाँ सबसे महत्वपूर्ण शब्द है–"सही"। एक सही समुदाय वह है, जहाँ लोग ईमानदारी से अपने परिणाम साझा करते हैं, अपनी असफलताओं पर खुलकर चर्चा करते हैं, और एक-दूसरे की सोच को सम्मान के साथ चुनौती देते हैं। वही असली समझदारी वाला समुदाय होता है।

05 आपका खुद का अनुभव – सबसे महँगा और सबसे स्थायी शिक्षक

जो आपके साथ पहले से हो चुका है – ईमानदारी से जाँचा जाए – उसमें उससे अधिक समझदारी है जितनी आपने अभी तक निकाली है।

आपकी हर गलती में एक सबक छुपा होता है– जो अगर सही तरीके से समझ लिया जाए, तो वह आपको भविष्य की कई गलतियों से बचा सकता है।

लेकिन ज़्यादातर लोग अपने अनुभव से सीखते नहीं हैं।

वे दर्द महसूस करते हैं, उससे बाहर निकलते हैं–और आगे बढ़ जाते हैं–
बिना यह समझे कि उस अनुभव ने उन्हें क्या सिखाने की कोशिश की।

अगर आप सच में अपने अनुभव से सीखना चाहते हैं, तो आपको रुकना होगा–और उसे समझना होगा।

एक ट्रेडिंग जर्नल, एक बिज़नेस रिव्यू, या पिछले एक साल के अपने फैसलों का ईमानदार विश्लेषण–

ये सभी ऐसे टूल्स हैं, जो आपके अनुभव को समझदारी में बदल सकते हैं।

06 आपके पिता के शब्द – वे भी जो उस समय नहीं सुने

जिनके पिता ने बोलने की कोशिश की – उन शब्दों पर वापस जाएँ।

अगर आपके पिता जीवित हैं और उन्होंने कभी आपको मार्गदर्शन देने की कोशिश की थी– तो वापस जाइए।

जो उन्होंने कहा था, उसे दोबारा सुनिए। समर्पण करने के लिए नहीं। अपनी सोच छोड़ने के लिए नहीं। बल्कि इस बार–अहंकार के बिना सुनने के लिए। वह सलाह, जो आपको कभी दखलअंदाज़ी लगी थी, आज शायद वही समझदारी हो सकती है, जिसकी आपको ज़रूरत है।

और अगर आपके पिता अब नहीं हैं– तो उन लोगों से बात कीजिए, जो उन्हें जानते थे।

उनसे पूछिए कि वे पैसे, धैर्य, और जीवन के बारे में क्या सोचते थे। उनकी समझदारी उनके साथ खत्म नहीं हुई।

वास्तविक समझदारी को शोर से कैसे पहचानें

दुनिया ऐसे लोगों से भरी हुई है, जो समझदारी देने का दावा करते हैं– कोर्स, कोच, गुरु, इन्फ्लुएंसर्स... मार्गदर्शन का यह

बाज़ार पहले कभी इतना भरा हुआ और इतना भ्रमित करने वाला नहीं था। और जो सबसे ज़्यादा जोर से बोलते हैं– अक्सर वही सबसे कम भरोसेमंद होते हैं। तो असली समझदारी और दिखावटी समझदारी में फर्क कैसे करें?

लाल संकेत – समझदारी के वेश में शोर:

केवल जीत दिखाते हैं, कभी हार नहीं।

असली समझदारी असफलताओं से गुजरकर आती है।

जो व्यक्ति केवल सफलता दिखाता है–
या तो उसने असफलता देखी ही नहीं है,
या वह आपसे ईमानदार नहीं है।

दोनों ही स्थितियों में–
वह सच्चा मार्गदर्शन देने के योग्य नहीं है।

तात्कालिकता और विशिष्टता बेचते हैं।

असली समझदारी धैर्यवान होती है।
उसे आपको आज ही निर्णय लेने की जरूरत नहीं होती।

अगर कोई आपको तुरंत निर्णय लेने के लिए मजबूर कर रहा है– किसी कोर्स, प्रोग्राम या निवेश के लिए–

तो यह लगभग हमेशा एक बिक्री की तकनीक होती है, ना कि असली अवसर का संकेत।

उनकी कमाई सिखाने से आती है, करने से नहीं

जिसका जिस व्यक्ति का मुख्य काम ट्रेडिंग सिखाना है– खुद ट्रेड करने के बजाय–
उसका विषय के साथ संबंध, उस व्यक्ति से अलग होता है जिसकी आय सीधे प्रदर्शन पर निर्भर करती है।

दोनों मूल्यवान हो सकते हैं।
लेकिन आपको यह समझना होगा कि आप किससे सीख रहे हैं।

विशिष्ट समयावधि में विशिष्ट परिणाम वादा करते हैं।

"30 दिनों में मुनाफा।"
"6 महीनों में छह अंकों का बिज़नेस।"

ये वादे मार्केटिंग हैं। असली समझदारी ऐसे वादे नहीं करती– क्योंकि वह जानती है कि परिणाम कई ऐसे कारकों पर निर्भर करते हैं, जो किसी एक व्यक्ति के नियंत्रण में नहीं होते।

हरे संकेत – वास्तविक समझदारी:

विफलताओं के बारे में उतनी ही स्वतंत्रता से बात करते हैं जितनी सफलताओं के बारे में।

वह गुरु, जो आपको ईमानदारी से यह बताता है कि कहाँ गलती हुई– बिना उसे छुपाए, बिना उसे सुंदर बनाए–

वह आपको जीत की कहानी से ज्यादा मूल्यवान कुछ दे रहा है। क्योंकि असफलता में सीख होती है।

सफलता में अक्सर सिर्फ किस्मत होती है।

आपकी सोच को चुनौती देते हैं – पुष्टि नहीं करते।

असली समझदारी आपको वही नहीं बताती, जो आप सुनना चाहते हैं। वह आपको वह बताती है, जो आपको सुनना चाहिए। अगर हर बातचीत के बाद आपको अच्छा तो लगता है– लेकिन आप बदले नहीं हैं– तो आप समझदारी नहीं, केवल संतुष्टि प्राप्त कर रहे हैं।

स्वयं को क्रमिक रूप से अनावश्यक बनाते हैं।

सबसे अच्छे गुरु, शिक्षक और कोच आपको इस तरह सिखाते हैं कि आप खुद सोच सकें।

वे आपको अपने ऊपर निर्भर नहीं बनाते–

बल्कि आपको स्वतंत्र बनाते हैं।

परिणाम सत्यापन योग्य हैं और ट्रैक रिकॉर्ड वास्तविक है।

स्क्रीनशॉट नहीं। ऐसे टेस्टिमोनियल नहीं जिन्हें जांचा न जा सके। बल्कि वास्तविक, प्रमाणित सबूत– कि उन्होंने वही किया है, जो वे सिखा रहे हैं।

और वह भी समय के साथ–अलग-अलग परिस्थितियों में।

समझदारी कैसे खोजें – एक व्यावहारिक क्रम

यह जानना कि समझदारी उपलब्ध है, पर्याप्त नहीं है। यह जानना कि वह कहाँ मिलती है, भी पर्याप्त नहीं है।

आपको उसे खोजने जाना होगा। जानबूझकर। लगातार। उसी गंभीरता के साथ, जिस तरह आप अपने भविष्य से जुड़े किसी भी महत्वपूर्ण निवेश को लेते हैं।

चरण 1 तय करें अभी किस विशिष्ट समझदारी की सबसे अधिक आवश्यकता है।

वित्तीय प्रबंधन?

बिज़नेस बनाना?

भावनात्मक अनुशासन?
निर्णय लेने का दबाव?

जितनी स्पष्टता से आप अपनी कमी को पहचानते हैं, उतनी ही सटीकता से आप उस स्रोत को खोज सकते हैं, जहाँ वह मौजूद है।

चरण 2 एक ऐसे व्यक्ति की पहचान करें, जिसके पास वही समझदारी है जिसकी आपको आवश्यकता है

और फिर उनसे ईमानदारी से संपर्क करें।

चापलूसी के साथ नहीं।
कोई लेन-देन वाली मानसिकता लेकर नहीं।

बल्कि स्पष्टता के साथ–

"मैं इस विशेष चुनौती का सामना कर रहा हूँ।
मुझे लगता है कि आपके पास इस क्षेत्र में अनुभव है।
अगर आप 30 मिनट दे सकें, तो मैं पहले से सवाल तैयार करके आऊँगा।"

जिन लोगों ने वास्तव में कुछ बनाया है–
वे अक्सर अपनी सीख साझा करने के लिए तैयार होते हैं।

चरण 3 प्रत्येक माह अपने क्षेत्र में एक पुस्तक पढ़ें।

बिना सोचे-समझे नहीं। जानबूझकर। उन किताबों को चुनें, जो आपकी पहचानी गई कमी को सीधे संबोधित करती हैं। सक्रिय रूप से पढ़ें– पेन हाथ में लेकर, नोट्स बनाते हुए, उन विचारों को चिन्हित करते हुए, जो आपकी सोच को बदलते हैं। निष्क्रिय पढ़ाई जानकारी बढ़ाती है। सक्रिय पढ़ाई समझदारी बनाती है।

चरण 4 प्रत्येक माह अपने स्वयं के अनुभव की समीक्षा करें।

हर महीने के अंत में एक घंटा निकालें और अपने निर्णयों को ईमानदारी से देखें।

आपने क्या निर्णय लिए? क्यों लिए? क्या परिणाम हुआ? आप क्या अलग कर सकते थे?
कौन-से पैटर्न बार-बार सामने आ रहे हैं?

यह मासिक समीक्षा – अगर पूरे साल लगातार की जाए तो आपको अपने बारे में उतनी सच्ची समझ देगी, जितनी शायद कोई बाहरी व्यक्ति भी नहीं दे सकता।

चरण 5 जो सीखें – तुरंत लागू करें, वास्तविक निर्णयों में।

जो समझदारी केवल समझी जाती है, लेकिन लागू नहीं होती – वह सिर्फ जानकारी रह जाती है।समझदारी तब आपकी बनती है, जब वह आपके व्यवहार में उतरती है

आपके पैसों के फैसलों में,

आपके समय के उपयोग में,

आपके रिश्तों में।

हर बार जब आप किसी सीख को लागू करते हैं –

और उसका परिणाम पहले से बेहतर होता है –

तब वह समझदारी आपकी पहचान का हिस्सा बन जाती है।

हो सकता है आपके पिता अब साथ न हों।

या हों, लेकिन उनकी बातों का अर्थ अभी तक आप तक न पहुँचा हो।

लेकिन जिस समझदारी की आपको ज़रूरत है,

वह किसी एक जगह बंद नहीं है।

वह उस गुरु में है,

जिसने कठिन समय के बाद खुद को दोबारा बनाया।

वह उस किताब में है, जिसे किसी ने अपने 30 साल के अनुभव को 200 पन्नों में समेटकर लिखा।

वह उस समुदाय में है, जहाँ लोग वही रास्ता चल रहे हैं जो आप चल रहे हैं। और वह आपके अपने अनुभव में भी है – जिसकी कीमत आप पहले ही चुका चुके हैं, बस उसे समझने की ज़रूरत है।

समझदारी उपलब्ध है।

हमेशा से थी।

सवाल यह नहीं है कि वह है या नहीं।

सवाल यह है –

क्या आप उसे पाने के लिए पर्याप्त विनम्र हैं?

क्योंकि वही विनम्रता –

यह स्वीकार करना कि आप सब कुछ नहीं जानते,

और जो नहीं जानते उसे खोजने निकलना –

यही समझदारी की शुरुआत है।

यह उसी क्षण शुरू होती है,

जब आप निर्णय लेते हैं:

"मैं वह सीखूँगा जो मुझे अभी तक नहीं आता।

जहाँ भी वह मौजूद है।

जिसके पास भी वह है।

अभी से।"

मुख्य सीख

- समझदारी, बुद्धिमत्ता, जानकारी या मोटिवेशन नहीं है। यह यह समझ है कि चीजें क्यों काम करती हैं – और क्यों नहीं।
- समझदारी के स्रोत हर जगह हैं: गुरु, किताबें, संरचित शिक्षा, समुदाय, आपका अपना अनुभव, और आपके पिता के शब्द।
- इस दुनिया में मार्गदर्शन बेचने वाले बहुत हैं – इसलिए पहचानें: केवल जीत दिखाना, जल्दी परिणाम का वादा करना, और खुद करने के बजाय सिखाना – ये चेतावनी संकेत हैं।
- सबसे अच्छे गुरु आपको सोचना सिखाते हैं – आपको उन पर निर्भर नहीं बनाते।
- समझदारी का इंतज़ार नहीं किया जाता – उसे खोजा जाता है।

- हर महीने अपने अनुभव की समीक्षा करें,
  हर महीने एक केंद्रित किताब पढ़ें,
  और जो सीखें, उसे तुरंत लागू करें।
- और सबसे महत्वपूर्ण –

यह स्वीकार करना कि आप सब कुछ नहीं जानते – यही समझदारी का पहला कदम है।

अध्याय 8

पहले खुद को जानें

आप कौन हैं – पहले यह जानिए

"दूसरों को जानना बुद्धिमत्ता है। स्वयं को जानना – ज्ञान।" – लाओ त्ज़ू

एक सवाल है, जो पैसे और आज़ादी पाने वाले अधिकांश युवा कभी खुद से पूछते ही नहीं।

इसलिए नहीं कि वे जिज्ञासु नहीं हैं।

इसलिए नहीं कि सवाल कठिन है।

बल्कि इसलिए कि यह पूरा फॉर्मूला –

युवावस्था + पैसा + आज़ादी –

इतना शोर पैदा करता है,

इतनी गति पैदा करता है,

इतनी बाहरी उत्तेजना देता है –

कि यह सवाल सुनाई ही नहीं देता।

आप कौन हैं – पैसे के बिना?

आप क्या बनना चाहते हैं नहीं। आप क्या बन रहे हैं नहीं। आप दूसरों के सामने क्या प्रदर्शन करते हैं नहीं।

आप – संसाधनों, पहुँच, विकल्पों से रहित जो पैसा प्रदान करता है – अपने पूर्ण सार में – कौन हैं?

आप क्या महत्व देते हैं? आप क्या मानते हैं? आप किस प्रकार के व्यक्ति को देखना चाहते हैं जब मुड़कर देखें?

अधिकांश लोग स्पष्ट उत्तर नहीं दे सकते। इसलिए नहीं कि उत्तर अस्तित्व में नहीं है – बल्कि इसलिए कि उन्होंने कभी उसके उभरने के लिए परिस्थितियाँ नहीं बनाईं। और जब पैसा पहचान स्थापित होने से पहले आता है – पैसा प्रतीक्षा नहीं करता। वह रिक्तता भर देता है। पहचान बन जाता है।

जब पैसा पहचान बन जाता है

यह धीरे-धीरे होता है। लगभग बिना महसूस हुए।

और हर चरण में यह आत्मविश्वास जैसा लगता है –

भ्रम नहीं। आपके पास पैसा है। पैसा आपको विकल्प देता है।

विकल्प आपके रोज़मर्रा के अनुभव को बदलते हैं।

और आपका रोज़मर्रा का अनुभव, आपकी खुद की छवि को।

धीरे-धीरे... आपकी पहचान उस संसाधन से जुड़ने लगती है।

आप खुद को एक ऐसे व्यक्ति के रूप में देखने लगते हैं जिसके पास पैसा है –ना कि एक ऐसे व्यक्ति के रूप में जिसके पास अभी पैसा है। यह फर्क छोटा लगता है। लेकिन यह बिल्कुल छोटा नहीं है।

जब पैसा आपकी पहचान बन जाता है, तो हर वित्तीय निर्णय आपके पूरे अस्तित्व का भार उठाने लगता है। एक खराब निवेश सिर्फ नुकसान नहीं होता –वह पहचान का संकट बन जाता है। एक असफल बिज़नेस सिर्फ रुकावट नहीं होता – वह आपके अंदर कुछ "गलत" होने का सबूत लगने लगता है। एक कठिन वित्तीय दौर – जो सामान्य है, अस्थायी है –वह अचानक बहुत गहरा और व्यक्तिगत हो जाता है। क्योंकि तब –अगर पैसा आपको परिभाषित करता है, तो पैसा खोना मतलब खुद को खोना लगता है।

और दूसरी तरफ... जब पैसा ही आपकी पहचान बन जाता है, तो ज्यादा पैसा = "ज्यादा आप" लगने लगता है।

इसलिए और पैसा कमाने की इच्छा किसी उद्देश्य से नहीं चलती –बल्कि सिर्फ इसलिए चलती है कि "और होना" अच्छा लगता है।

जब पैसा आपकी पहचान बन जाता है – आप पैसे को उपकरण के रूप में उपयोग नहीं कर रहे। पैसा आपको वाहन के रूप में उपयोग कर रहा है।

इस चरण के चार पहचान जाल

यह फॉर्मूला – युवावस्था, पैसा और आज़ादी –
चार ऐसे तरीके बनाता है, जहाँ पहचान परिस्थितियों के साथ उलझ जाती है। हर एक शुरुआत में आत्मविश्वास या सफलता जैसा लगता है – लेकिन अंदर से महंगा साबित होता है।

01 जीवनशैली की पहचान

यह वह व्यक्ति है जो खुद को इस आधार पर परिभाषित करता है कि उसके पास क्या है –गाड़ी, घर, रेस्टोरेंट, ट्रैवल, कपड़े। धीरे-धीरे, जीवनशैली ही उसकी पहचान बन जाती है। हर वित्तीय निर्णय अब इस आधार पर नहीं लिया जाता कि वह समझदारी भरा है या नहीं –

बल्कि इस आधार पर कि वह उस "इमेज" को बनाए रखता है या नहीं। जो खर्च उस इमेज को बनाए रखता है, वह ज़रूरी लगता है। जो खर्च उस इमेज से मेल नहीं खाता, वह नुकसान जैसा लगता है।

असल कीमत:

जब पैसा कम होता है – और कभी न कभी होता है – तो यह पहचान भी साथ में गिर जाती है।

और जिस व्यक्ति की पूरी पहचान उसी पर टिकी थी, उसके पास खड़े होने के लिए कुछ नहीं बचता।

02 सफलता प्रदर्शन की पहचान

यह वह व्यक्ति है जो खुद को सफल "दिखने" से परिभाषित करता है – ना कि वास्तव में कुछ बनाने से।

सोशल मीडिया इसका सबसे बड़ा मंच है।

निर्णय इस आधार पर लिए जाते हैं कि वे क्या संकेत देते हैं – ना कि वे क्या परिणाम पैदा करते हैं।

बिज़नेस की घोषणा, बिज़नेस से ज्यादा महत्वपूर्ण हो जाती है। इन्वेस्टमेंट की बात, इन्वेस्टमेंट के रिज़ल्ट से

ज्यादा मायने रखती है। यहाँ "परफॉर्मेंस" असली काम की जगह ले लेती है।

असल कीमत:

यह वह व्यक्ति है जो खुद को जोखिम लेने की क्षमता से परिभाषित करता है। बोल्ड, विज़िबल रिस्क – उसे पर्सनैलिटी जैसा लगता है। सावधानी – उसे कमजोरी या डर लगती है। लेकिन यहाँ एक अंतर है: वह जोखिम इसलिए नहीं लेता क्योंकि वह समझा हुआ, कैलकुलेटेड है – बल्कि इसलिए लेता है क्योंकि "रिस्क लेना" उसकी पहचान बन चुका है। और जब यह पहचान असली पैसे से फंड होती है –तो नुकसान "सीख" नहीं रहते, सीधा नुकसान बन जाते हैं।

असल कीमत:

सच्ची समझदारी चुनिंदा और सोच-समझकर जोखिम लेती है।पहचान आधारित जोखिम – अंधा और महंगा होता है।

03 जोखिम की पहचान

जो यह वह व्यक्ति है जो खुद को जोखिम लेने

की क्षमता से परिभाषित करता है। बोल्ड, विज़िबल रिस्क – उसे पर्सनैलिटी जैसा लगता है। सावधानी – उसे कमजोरी या डर लगती है। लेकिन यहाँ एक अंतर है:

वह जोखिम इसलिए नहीं लेता क्योंकि वह समझा हुआ, कैलकुलेटेड है – बल्कि इसलिए लेता है क्योंकि "रिस्क लेना" उसकी पहचान बन चुका है। और जब यह पहचान असली पैसे से फंड होती है –तो नुकसान "सीख" नहीं रहते, सीधा नुकसान बन जाते हैं।

असल कीमत:

सच्ची समझदारी चुनिंदा और सोच-समझकर जोखिम लेती है। पहचान आधारित जोखिम – अंधा और महंगा होता है।

04 बिना आधार के प्रदाता की पहचान

यह वह व्यक्ति है जो जैसे ही पैसा आता है, खुद को "देने वाला" बना लेता है –परिवार के लिए, दोस्तों के लिए, समाज के लिए। इरादा सच्चा होता है। भावना अच्छी होती है। लेकिन समस्या यहाँ है:

जो पूंजी अभी तक स्थिर नहीं हुई, उससे की गई

उदारता टिकाऊ नहीं होती।

और जब वह टिकती नहीं –तो सिर्फ पैसा ही नहीं जाता, रिश्ते भी साथ में टूटते हैं।

असल कीमत:

पहले नींव बनाओ। फिर देना शुरू करो।

अधिशेष (surplus) से की गई उदारता – उपहार है। अस्थिर पूंजी से की गई उदारता – एक ऐसा कर्ज़ है, जिसे कोई स्वीकार नहीं करता, लेकिन सभी महसूस करते हैं।

स्थिर पहचान के चार आधार

पहचान कोई ऐसी चीज़ नहीं है जो आपको मिलती है।

यह कुछ है जिसे आप बनाते हैं –हर उस निर्णय से, जो आप लेते हैं। हर उस चीज़ से, जिसे आप महत्व देते हैं। और हर उस सीमा से, जिसे आप पार नहीं करते – चाहे परिस्थिति कैसी भी हो। यहाँ वे चार स्तंभ हैं, जो आपकी पहचान को स्थिर रखते हैं – चाहे पैसा हो या न हो, चाहे लोग देख रहे हों या नहीं, चाहे परिस्थितियाँ आपके पक्ष में हों या खिलाफ।

⚓ आपके मूल्य – जो आप समझौता नहीं करेंगे

मूल्य आपके लक्ष्य नहीं हैं। वे आपकी सीमाएँ हैं।

वे चीज़ें, जिन्हें आप किसी भी कीमत पर नहीं छोड़ते।

ईमानदारी। निष्ठा। साहस। मेहनत। न्याय। जो भी आपके लिए सही है – उसे लिखिए। लेकिन सिर्फ शब्दों में नहीं – व्यवहार में। ईमानदारी एक बिज़नेस निर्णय में कैसी दिखती है? निष्ठा तब कैसी दिखती है जब आपको फायदा मिल सकता है लेकिन गलत रास्ते से? आपके मूल्य – जब हर फैसले में परखे जाते हैं –
तभी आपकी पहचान का सबसे मजबूत हिस्सा बनते हैं।

पैसा इन्हें खरीद नहीं सकता। वह सिर्फ यह दिखा सकता है कि आपके पास ये हैं या नहीं।

⚓ आपका चरित्र – जब लागत हो तो आप कैसे व्यवहार करते हैं

चरित्र यह नहीं है कि आप तब कैसे व्यवहार करते हैं जब सब आसान हो। चरित्र यह है कि आप तब क्या करते हैं – जब सही काम करना महंगा हो, जब अपना

वादा निभाना असुविधाजनक हो, जब ईमानदार रास्ता, आसान रास्ते से कठिन हो। जो व्यक्ति केवल तब सही व्यवहार करता है जब कोई कीमत नहीं चुकानी पड़ती – उसने अभी तक अपना चरित्र विकसित ही नहीं किया है। वह बस अभी तक परखा नहीं गया है।

यह चरण –जहाँ पैसा है, आज़ादी है, और अहं सक्रिय है –आपके जीवन के पहले असली परीक्षणों में से एक है।

आप हर स्थिति में क्या चुनते हैं – वही आपके चरित्र को स्थायी रूप से बनाता है।

⚓ आपका उद्देश्य – आप जो बना रहे हैं वह क्यों बना रहे हैं

उद्देश्य इस सवाल का उत्तर है: "यह सब किसलिए है?" पैसा खुद लक्ष्य नहीं है – बल्कि वह साधन है, जो कुछ और संभव बनाता है। परिवार की सुरक्षा। किसी समस्या का समाधान। समाज में योगदान। एक कौशल का निर्माण और उसे साझा करना। जिस व्यक्ति को यह स्पष्ट होता है कि वह क्यों बना रहा है – उसके निर्णय बेहतर होते हैं। वह लंबे समय तक टिकता है।

वह असफलताओं से जल्दी उभरता है। क्योंकि उद्देश्य संदर्भ देता है –जो अस्थायी कठिनाइयों को सहने योग्य बनाता है और लंबी अवधि की धैर्यशीलता को संभव बनाता है।

⚓ आपके सिद्धांत – आप निर्णय कैसे लेते हैं

सिद्धांत वे स्पष्ट नियम हैं, जिन्हें आप पहले से तय करते हैं – ताकि जब भावनाएँ, अवसर या दबाव आपके निर्णय को प्रभावित करें, तो आप भटकें नहीं।

जैसे:

- कभी ऐसा पैसा निवेश न करें जिसे आप पूरी तरह खो नहीं सकते।
- उत्साह की पहली लहर में कोई बड़ा निर्णय न लें।
- बड़े संसाधन लगाने से पहले किसी अधिक अनुभवी व्यक्ति से सलाह लें।
- निर्माण शुरू करने से पहले कर्ज़ साफ करें।

ये आपकी आज़ादी को सीमित नहीं करते –ये उसे संरचना देते हैं। स्पष्ट सिद्धांतों पर चलने वाला व्यक्ति लगातार बेहतर निर्णय लेता है उस व्यक्ति से, जो हर

बार परिस्थिति के अनुसार, भावनात्मक होकर फैसला करता है।

इस चरण का सबसे महत्वपूर्ण प्रश्न

किसी न किसी समय इस चरण में –जब आपके पास पैसा होगा, जब आपकी आज़ादी सक्रिय होगी,
जब युवावस्था की ऊर्जा हर निर्णय को प्रभावित कर रही होगी – आप एक ऐसे निर्णय के सामने खड़े होंगे
जो यह उजागर करेगा कि आप वास्तव में कौन हैं। यह निर्णय "टेस्ट" जैसा नहीं लगेगा। यह एक सामान्य निर्णय जैसा दिखेगा – एक निवेश, एक रिश्ता, एक बिज़नेस फैसला। लेकिन उसकी सतह के नीचे वह आपसे सिर्फ एक सवाल पूछ रहा होगा:

जब इसकी लागत हो – आप क्या चुनते हैं?

क्या आप ईमानदार रास्ता चुनेंगे जब बेईमान रास्ता ज्यादा लाभदायक हो? क्या आप अपना वादा निभाएँगे
जब उसे तोड़ना आसान हो? क्या आप किसी और के हित की रक्षा करेंगे जब कोई देख भी नहीं रहा हो? क्या आप मानेंगे कि आप गलत थे जब सही साबित होना आपको कुछ भी नहीं खोता?

ये पल बड़े नहीं लगते। इनमें कोई नाटक नहीं होता।

ये चुपचाप आते हैं –सामान्य दिनों के बीच –और फिर वे आपकी पहचान का स्थायी रिकॉर्ड बन जाते हैं।

जो व्यक्ति इन शांत पलों में सही चुनाव करता है – बार-बार, लगातार – वह ऐसी पहचान बनाता है जिसे कोई वित्तीय गिरावट, कोई असफल व्यवसाय, या कोई कठिन समय छीन नहीं सकता। क्योंकि वह पहचान परिस्थितियों से नहीं बनी होती। वह निर्णयों से बनी होती है। और निर्णय – पैसे के विपरीत – आपसे कभी छीने नहीं जा सकते।

आपकी संपत्ति आपके जीवन में कई बार बढ़ेगी और घटेगी। आपका आत्मसम्मान – मूल्यों, चरित्र, उद्देश्य और सिद्धांतों से निर्मित – वह एकमात्र आधार है जो हर मौसम में टिकता है।

पैसे से पहले पहचान बनाना – पाँच अभ्यास

अगर आप यह पढ़ रहे हैं और आपको एहसास हो रहा है कि आपकी पहचान पहले ही पैसे या लाइफस्टाइल से जुड़ चुकी है – तो यही पहचान उस उलझन को सुलझाने की शुरुआत है।

आप उसे अलग नहीं कर सकते जिसे आप देख ही नहीं सकते।

अब आप देख पा रहे हैं।

एक ऐसी पहचान बनाने (या फिर से बनाने) के लिए, जो परिस्थितियों पर निर्भर न हो –ये पाँच अभ्यास अपनाएँ:

01 अपने मूल्य लिखें – और एक वास्तविक हालिया निर्णय पर परखें।

सिर्फ सिद्धांतों की तरह नहीं –ठोस, स्पष्ट रूप में।

अपने हाल के किसी बड़े निर्णय को देखें – वित्तीय, व्यक्तिगत या पेशेवर। ईमानदारी से पूछें: क्या यह निर्णय उन मूल्यों के अनुसार था, जिन पर आप दावा करते हैं कि आप खड़े हैं? अगर था – अच्छा है। अगर नहीं था –तो वही अंतर (gap) अभी आपके लिए सबसे महत्वपूर्ण जानकारी है।यह खुद को जज करने के लिए नहीं है –यह समझने के लिए है कि काम कहाँ करना है।

02 "पर्याप्त" कैसा दिखता है – विशिष्ट रूप से परिभाषित करें।

जिस व्यक्ति को “कितना काफी है” यह पता नहीं – उसे हमेशा और चाहिए होगा। स्पष्ट रूप से लिखें:

- पैसों में “पर्याप्त” आपके लिए क्या है?

- जीवनशैली में "पर्याप्त" क्या है?
- रिश्तों में "पर्याप्त" क्या है?

यह आपकी महत्वाकांक्षा को सीमित करने के लिए नहीं है – यह आपको एक स्थिर आधार देने के लिए है।

जिसे "पर्याप्त" का अर्थ पता है, वह डर से नहीं, समृद्धि की भावना से निर्णय लेता है।

03 प्रत्येक माह एक दिन – पैसे और प्रदर्शन से पूरी तरह अलग।

कोई बिज़नेस निर्णय नहीं। कोई फाइनेंशियल रिव्यू नहीं। कोई सोशल मीडिया नहीं। बस आप – जैसे आप हैं, बिना संसाधनों और बिना दर्शकों के। देखें: आप क्या करते हैं? आप किस चीज़ का आनंद लेते हैं? आप क्या सोचते हैं? आप वास्तव में कौन हैं?

यह अभ्यास आपको आपकी असली पहचान के करीब लाता है – किसी भी विश्लेषण से ज्यादा।

04 उन लोगों से पूछें जो आपको पैसे से पहले जानते थे।

वे लोग, जिन्होंने आपको तब जाना जब आपके पास कुछ नहीं था –आपका असली, बिना संसाधनों वाला संस्करण – वे सबसे सच्चे दर्पण होते हैं। उनसे पूछें:

- तुम क्या बदलाव देखते हो?
- तुम्हें किस बात की चिंता है?
- क्या वही है जो पहले था?

अगर आप बिना रक्षात्मक हुए उनकी बात सुन सकते हैं – तो यह आपके लिए सबसे मूल्यवान फीडबैक में से एक होगा।

05 प्रत्येक माह कम से कम एक महत्वपूर्ण निर्णय केवल अपने मूल्यों के आधार पर लें – चाहे लागत हो।

कोई आसान निर्णय नहीं। कोई ऐसा निर्णय नहीं जहाँ फायदा और मूल्य दोनों साथ हों। बल्कि ऐसा निर्णय – जहाँ आपके मूल्य आपको कुछ छोड़ने के लिए कहें:

पैसा, सुविधा, दूसरों की स्वीकृति। और फिर भी आप वही करें जो आपको सही लगता है। हर ऐसा निर्णय – जो लिया गया और निभाया गया –आपके चरित्र के खाते में एक जमा (deposit) है, जो समय के साथ बढ़कर एक अडिग पहचान बनाता है।

अंतिम सत्य

पैसा एक उपकरण है। यह जो भी पाता है, उसे बढ़ा देता है।

अगर यह ऐसे व्यक्ति के पास जाता है जो जानता है कि वह कौन है – तो यह उसकी क्षमता को बढ़ाता है बनाने की, देने की, और स्थायी कुछ खड़ा करने की। लेकिन अगर यह ऐसे व्यक्ति के पास जाता है जो अभी भी खुद को खोज रहा है – तो यह भ्रम को बढ़ाता है। ध्यान भटकाता है। गलत फैसलों को महंगा बना देता है। आप इस समय उस चरण में हैं जहाँ आपकी पहचान की नींव बन रही है। जानबूझकर नहीं – लेकिन हर निर्णय के साथ।

हर बार जब आप अपने मूल्यों को निभाते हैं या तोड़ते हैं,
हर बार जब आप तय करते हैं कि आप कौन बनना चाहते हैं –
आप अपनी पहचान बना रहे हैं।

सबसे महत्वपूर्ण निवेश इस चरण में वितीय नहीं है।यह है –

एक स्पष्ट, मजबूत, और सचेत पहचान बनाना।

खुद को पहले जानो। वहीं से निर्माण करो। बाकी सब – पैसा, सफलता, विरासत – उस व्यक्ति का अनुसरण करते हैं जो खुद को जानता है। उस व्यक्ति का नहींजो खर्च करके खुद को समझने की कोशिश कर रहा है।

मुख्य सीख

- जब पहचान बनने से पहले पैसा आता है, तो वह खाली जगह भर देता है – और पहचान बन जाता है।

यह बदलाव शांत होता है, महंगा होता है, और सबसे खतरनाक होता है।

- पहचान के चार जाल होते हैं: लाइफस्टाइल पहचान, प्रदर्शन पहचान, जोखिम पहचान, और प्रदाता पहचान ये सब अंदर से आत्मविश्वास जैसे लगते हैं, लेकिन इनकी कीमत बहुत भारी होती है।
- एक स्थिर पहचान चार स्तंभों पर टिकती है: मूल्य, चरित्र, उद्देश्य और सिद्धांत। इन्हें कोई भी परिस्थिति या पैसा छीन नहीं सकता।
- इस चरण का सबसे महत्वपूर्ण प्रश्न वित्तीय नहीं है: "जब इसकी कीमत चुकानी पड़े – तब आप क्या चुनते हैं?" इसी का जवाब समय के साथ तय करता है कि आप वास्तव में कौन हैं।
- आपका नेट वर्थ ऊपर-नीचे होता रहेगा। लेकिन आपका सेल्फ-वर्थ – जो आपके मूल्यों और निर्णयों से बना है – वही स्थायी नींव है।
- पहले खुद को जानो। पैसा उस व्यक्ति को बढ़ाता है जो जानता है कि वह कौन है – और उस व्यक्ति की उलझन को भी बढ़ाता है जो नहीं जानता।

अध्याय 9

Formula दोबारा लिखें

युवावस्था + पैसा + आज़ादी + समझदारी = जीवन का सर्वोच्च मुकाम

"मुझे अंत से डर नहीं है। डर है उन सब चीज़ों को जीने से – जो बीच में हैं – और उन्हें सही करने की कोशिश से।" – Anonymous

आप यहाँ तक पहुँच गए हैं। यह महत्वपूर्ण है।

इसलिए नहीं कि एक किताब खत्म करना कोई बड़ी उपलब्धि है – बल्कि इसलिए कि ज्यादातर लोग जो पैसे और अवसरों की दुनिया में प्रवेश करते हैं, रुककर सोचते ही नहीं। वे सीधे कूद जाते हैं। पैसा खोते हैं। और फिर समझने की कोशिश करते हैं कि गलती कहाँ हुई। आपने सही क्रम अपनाया है।

इन सभी अध्यायों का सार एक ही सत्य है:

- फॉर्मूला वास्तविक है।
- उसके खतरे वास्तविक हैं।

- और चौथा तत्व – **समझदारी (Wisdom)** –
  वही एक चीज़ है जो परिणाम बदलती है।

यह अंतिम अध्याय वह जगह है जहाँ सब कुछ एक साथ आता है। जहाँ वह फॉर्मूला जो शुरुआत में विनाश की ओर ले जा सकता था – अब दोबारा लिखा जाता है। जहाँ वह कहानी, जो बिना समझ के धीरे-धीरे बिखर सकती थी –अब जागरूकता के साथ मोड़ी जाती है उस दिशा में, जो सिर्फ हासिल करने के लिए नहीं, बल्कि बनाने और कायम रखने के लिए है।

जहाँ से शुरू किया – आठ सत्य

हमने एक फॉर्मूला से शुरुआत की थी।
सादा। गणित जैसा। लेकिन अपनी स्पष्टता में निर्मम।

युवावस्था + पैसा + आज़ादी = तबाही

यह कोई तयशुदा विनाश नहीं है। लेकिन यह वह स्थिति है जहाँ जल्दी असफल होने की संभावना सबसे अधिक होती है। इन आठ अध्यायों ने इस पूरे फॉर्मूले का नक्शा सामने रखा। अब एक लाइन में समझते हैं कि हर अध्याय ने आपको क्या दिया:

अध्याय 1 – वो Formula

तीनों तत्व एक साथ हर स्वाभाविक ब्रेक हटा देते हैं – जब तक समझदारी जानबूझकर नहीं जोड़ी जाती।

अध्याय 2 – युवावस्था

आपकी ऊर्जा आपकी सबसे बड़ी संपत्ति है। दिशा आपकी सबसे बड़ी आवश्यकता।

अध्याय 3 – पैसा

अचानक आया पैसा एक परीक्षा है। अधिकांश लोग बिना तैयारी के प्रवेश करते हैं।

अध्याय 4 – आज़ादी

आंतरिक अनुशासन के बिना – आज़ादी बिना पतवार का त्वरक है।

अध्याय 5 – Ego, लत और गलत साथ

तीन मूक विनाशक सूत्र में बढ़ते हैं – चुपचाप, अनिवार्य रूप से – जब तक नाम और प्रबंधित न हों।

अध्याय 6 – Patience

हर मूल्यवान चीज़ में उससे अधिक समय लगता है जितनी युवावस्था अपेक्षा करती है। जो रहते हैं – वे जीतते हैं।

अध्याय 7 – समझदारी कहाँ से लाएं

समझदारी हर जगह उपलब्ध है। एकमात्र आवश्यकता – इसे खोजने के लिए पर्याप्त विनम्रता।

अध्याय 8 – पहले खुद को जानें

पैसा जो पाता है उसे बढ़ाता है। सुनिश्चित करें कि वह ऐसे व्यक्ति को पाए जो पहले से जानता है वह कौन है।

आठ सच्चाइयाँ।

आठ जगहें जहाँ यह फॉर्मूला आपको गिरा सकता है। और आठ मौके – जहाँ आप हर बार समझदारी चुनकर अपना रास्ता बदल सकते हैं। अब आपके पास ये सभी आठ समझ हैं। सवाल यह नहीं है कि आपने क्या सीखा। सवाल यह है –अब आप इसके साथ क्या करेंगे?

जो पहले से गिर चुके उनके लिए

इस नए फॉर्मूले को बनाने से पहले, यह हिस्सा उन लोगों के लिए है जो शुरुआत में नहीं हैं – बल्कि बीच में कहीं हैं।

जो इस किताब तक इसलिए पहुँचे हैं क्योंकि वे गिरने से बचना नहीं चाहते – बल्कि इसलिए कि गिरना पहले ही हो चुका है, और अब वे समझना चाहते हैं कि आगे क्या करना है।

दुर्घटना आपकी कहानी का अंत नहीं था। यह पहले अध्याय का अंत था। और पहला अध्याय हमेशा सबसे महँगा होता है – क्योंकि उसमें वे सभी पाठ हैं जिन पर शेष अध्याय निर्मित होते हैं।

आपने जो खोया – पैसा, समय, मौके, रिश्ते – वे असली नुकसान हैं। उन्हें छोटा मत समझिए। ऐसा दिखावा मत कीजिए कि कुछ हुआ ही नहीं। नुकसान असली है। और उसका दर्द भी। लेकिन एक चीज़ है जो आपने नहीं खोई। आपने अपना पूरा समय नहीं खोया। आप अभी भी युवा हैं – या कम से कम इतने युवा कि आगे के साल पीछे के सालों से ज़्यादा हैं। आपने अपनी क्षमता नहीं खोई।
आपकी समझ, आपकी ऊर्जा, आपकी मेहनत – जो भी आपने बनाया था –वह खत्म नहीं हुआ। वह अब और गहरा हुआ है।

और सबसे ज़रूरी – आपने अपने सबक नहीं खोए। हर गलती... हर गलत फैसला...हर वो जगह जहाँ अहंकार ने आपको अंधा किया... जहाँ अधैर्य ने रास्ता काटा... जहाँ गलत लोगों ने

गलत फैसलों को सही ठहराया... अब वह सब सिर्फ नुकसान नहीं है। वह अब ज्ञान है। महंगा ज्ञान। लेकिन ज्ञान। आपने अपना भविष्य नहीं खोया।भविष्य पूरी तरह इस बात पर निर्भर करता है कि आप इस पल के बाद क्या करते हैं।

गिरावट से अधिकतम मूल्य कैसे निकालें

गिरावट तब बेकार जाती है जब आप उससे गुज़र तो जाते हैं – लेकिन उससे कुछ निकालते नहीं। यहाँ है तरीका जिससे आप उस नुकसान को समझ में बदल सकते हैं:

✓ 1 **आगे बढ़ने से पहले ईमानदारी से बैठें।**

गिरने के बाद सबसे बड़ा प्रलोभन होता है – जल्दी से आगे बढ़ जाना। खुद को साबित करना कि यह अंत नहीं था। उस असहज ठहराव से बचना। लेकिन यहीं रुकना ज़रूरी है। जो हुआ, उसके साथ बैठो – इतना कि आप उसे साफ़ देख सको। खुद को सज़ा देने के लिए नहीं। बल्कि सटीक समझने के लिए। कौन-से फैसले आपको यहाँ तक लाए? किस अध्याय की गलती सबसे स्पष्ट दिख रही है? बिना बचाव के किया गया यह ईमानदार

विश्लेषण – सबसे कीमती चीज़ है जो कोई भी व्यक्ति एक गिरावट से ले सकता है।

✓ 2 जो आप नियंत्रित कर सकते थे उसे जो नहीं कर सकते थे उससे अलग करें।

बाहरी हर गिरावट में दोनों होते हैं। बाज़ार बदलता है। परिस्थितियाँ बदलती हैं। कुछ चीज़ें आपके नियंत्रण में नहीं थीं। उन्हें स्वीकार करो – बिना खुद को दोष दिए।

लेकिन साथ ही यह भी देखो: कौन-से फैसले अलग हो सकते थे? जहाँ अलग ज्ञान, अलग अनुशासन नतीजा बदल सकता था। दोनों को साफ़ अलग करो। बाहरी चीज़ों को स्वीकार करना है।लेकिन अंदर की चीज़ों की पूरी जिम्मेदारी लेनी है। शर्म के रूप में नहीं – बल्कि उस syllabus की तरह जिस पर आपका अगला अध्याय बनेगा।

✓ 3 ढाँचे से पहले आधार फिर से बनाएँ।

वह अधिकतर लोग यहीं गलती करते हैं। वे गिरते हैं – और तुरंत वही चीज़ फिर से बनाने लगते हैं। वही

बिज़नेस मॉडल। वही आदतें। वही सोच। और फिर दोबारा गिरते हैं। क्योंकि समस्या ढांचे में नहीं थी। नींव में थी।

इसलिए पहले नींव बनाओ:

- वित्तीय समझ
- भावनात्मक अनुशासन
- पहचान की स्पष्टता
- सही लोगों का साथ
- लंबी सोच

ढांचा बाद में बनता है। नींव पहले।

✓ 4 दुर्घटना को एक प्रमाण-पत्र के रूप में उपयोग करें – रहस्य के रूप में नहीं।

किसी हर क्षेत्र में सबसे भरोसेमंद लोग वे होते हैं जो कठिन दौर से गुज़रे होते हैं –और उसके बारे में ईमानदारी से बात करते हैं।

आपकी गिरावट – अगर आपने उसे ईमानदारी से समझा है और उससे दोबारा खड़े हुए हैं –तो वह आपकी कमजोरी नहीं है। वह आपकी ताकत है। अभी नहीं।

तुरंत नहीं। लेकिन समय के साथ –वह आपकी credibility बनती है। क्योंकि जिसने तूफान देखा है, वही सच में समझता है कि मजबूत रहना क्या होता है।

नया फॉर्मूला

जवानी + पैसा + आज़ादी

+

समझदारी

=

जीवन का सर्वोच्च मुकाम

यह केवल सफलता नहीं है। यह सिर्फ थोड़ा सुधार नहीं है।

यह आपके जीवन का सर्वोच्च स्तर है – जहाँ आपकी युवा ऊर्जा, आपके संसाधन, और आपकी स्वतंत्रत – सब मिलकर कुछ असाधारण बनाते हैं।

जब उन्हें सच्ची समझदारी दिशा देती है।

यह कोई वादा नहीं है। यह कोई "गारंटी" नहीं है। यह एक दिशा है। उस व्यक्ति की दिशा जिसने चौथा तत्व जोड़ दिया है। जो धीरे-धीरे, सालों में बनाता है – धैर्य के साथ, पहचान के साथ, और हर निर्णय के नीचे जमा होती समझदारी के साथ। और यह आपके लिए उपलब्ध है। अभी। जैसे आप हैं – वैसे ही।

अब सिर्फ एक सवाल बचता है: क्या आप चौथा तत्व जोड़ेंगे?

जानबूझकर। लगातार। आज से।

विरासत का वास्तविक अर्थ

"विरासत" शब्द को अक्सर बहुत बड़ा बना दिया जाता है। इमारतें। नाम। इतिहास। यह सब वास्तविक है। लेकिन यह वह विरासत नहीं है जो आपके लिए सबसे ज़्यादा मायने रखती है। आपकी असली विरासत कहीं ज़्यादा सरल है। और कहीं ज़्यादा तुरंत शुरू होती है।

01 वे लोग जिन लोगों को आपने रास्ता दिखाया

हर वह व्यक्ति जिसे आपने गिरने से बचाया... या गिरने के बाद उठना सिखाया... वह आपकी विरासत का हिस्सा है। आपके छोटे भाई ने वही गलती नहीं की

– क्योंकि आपने उसे समझाया। आपके दोस्त ने बेहतर फैसला लिया –क्योंकि आपने अपना अनुभव साझा किया। आपके आसपास किसी ने गुरु ढूँढा – क्योंकि आपने बताया कि ऐसे लोग होते हैं। ये छोटी चीज़ें नहीं हैं। ये ज़िंदगियाँ बदलती हैं।

02 वह आधार जो आपने बनाया जो पहले अध्याय से आगे जाता है

वित्तीय स्थिरता –सच्ची समझ, धैर्य और अनुशासन पर बनी –यह भी विरासत है। पैसे की वजह से नहीं – बल्कि उस समझ की वजह से जिससे पैसा संभाला जाता है। वह परिवार जो कर्ज़ आगे नहीं बढ़ाता...

वह बच्चा जो ऐसे घर में बड़ा होता है जहाँ पैसे की समझ खुलकर सिखाई जाती है...

वह जीवन जहाँ इस किताब की ज़रूरत ही नहीं पड़ती –क्योंकि उसके सबक पहले ही जीए जा चुके हैं...

वह नींव आप बनाते हैं।

03 जो व्यक्ति आप इस प्रक्रिया के माध्यम से बने

दबाव में बने मूल्य मुश्किलों में दिखा चरित्र।

वह पहचान जो आसान समय में नहीं – बल्कि कठिन समय में बनी। गिरावट, दोबारा निर्माण, और वह धैर्य जो आपने तब दिखाया जब परिणाम दिख नहीं रहे थे।

यह सब मिलकर आपको वह व्यक्ति बनाते हैं
जो खुद एक विरासत है। आप सिखाते नहीं।
आप होते हैं।

04. वह समझ जो आप आगे बढ़ाते हैं

आप यह पढ़ रहे हैं क्योंकि किसी ने तय किया कि उसने जो कठिन तरीके से सीखा वह अपने तक नहीं रखेगा। कि नुकसान, समय, दर्द – जो उसने चुकाया – उसे दूसरों के लिए आसान बनाया जा सकता है। जब आप यह समझ लेते हैं और इसे आगे बढ़ाते हैं –

अपने बच्चों को, अपने साथियों को, उस व्यक्ति को जो आज वहीं खड़ा है जहाँ आप कभी खड़े थे –तब आप उस चीज़ को आगे बढ़ाते हैं जो आपसे पहले शुरू

हुई थी और आपके बाद भी चलेगी। यही सबसे गहरी विरासत है।

दोनों पाठकों के लिए अंतिम बात

उस युवा के लिए जिसने यह स्वयं के लिए पढ़ा:

आपने कुछ अलग किया है। आप उस समय रुके जब दुनिया आपको भागने के लिए कहती है।
आपने समझने का चुनाव किया जब ज़्यादातर लोग बस कोशिश करते हैं। कुछ ऐसा जिसने आपको ईमानदारी से यह सोचने पर मजबूर किया कि आप कहाँ खड़े हैं और कहाँ जा रहे हैं।
सिर्फ यही एक कदम आपको उन ज़्यादातर लोगों से अलग कर देता है जो बिना इस समझ के उसी फ़ॉर्मूला में आगे बढ़ रहे हैं।

लेकिन जागरूकता सिर्फ शुरुआत है। आगे आने वाले अध्याय – जो असली हैं, जो वास्तविक समय में जीए जाते हैं, असली पैसे, असली फैसलों और असली परिणामों के साथ – वे आपके सीखे हुए हर सिद्धांत की परीक्षा लेंगे। ऐसे पल आएँगे जब अहंकार वापस आएगा और विनम्र बने रहना मुश्किल होगा।

जब अधीरता पूरी तरह सही लगेगी। जब गलत संगति सबसे आसानी से उपलब्ध होगी। और जब गिरावट आएगी, तो वह अंत जैसी लगेगी – सीख नहीं।

ऐसे पलों में – फ़ॉर्मूला पर वापस आना।

उन आठ सच्चाइयों पर लौटना।

और उस एक सवाल पर लौटना जो सबसे ज़्यादा मायने रखता है:

क्या मैं जो मेरे पास है उसमें समझदारी जोड़ रहा हूँ – या सूत्र को उसके बिना चलने दे रहा हूँ?

यह सवाल – ईमानदारी से पूछा गया और ईमानदारी से जवाब दिया गया – आपका कम्पास है। यह हमेशा आपको सही दिशा की ओर इंगित करेगा – भले ही वह दिशा कठिन हो।

आपके पास वह सब कुछ है जिसकी आपको ज़रूरत है।

युवा ऊर्जा। पैसा। स्वतंत्रता। तीन ऐसे उपहार जिन्हें पाने के लिए ज़्यादातर लोग पूरी ज़िंदगी लगा देते हैं। और अब – आपके पास कुछ उससे भी अधिक दुर्लभ है: उस रास्ते का नक्शा जिस पर आप खड़े हैं – जिसे किसी ऐसे व्यक्ति ने बनाया है जिसने इसे बिना समझदारी के पार किया। इसे सही

तरीके से इस्तेमाल करें। कुछ वास्तविक बनाइए। और जब आप सफल हों – इसे आगे बढ़ाइए।

उन माता-पिता के लिए जिन्होंने यह पुस्तक अपने बच्चे के हाथ में रखी:

आपने वह सबसे प्रेमपूर्ण काम किया जो एक माता-पिता कर सकते हैं। सबसे आसान नहीं – सबसे प्रेमपूर्ण।

आपने स्वीकार किया कि शायद आपकी आवाज़ अकेले पर्याप्त न हो। कि जो संदेश आपके बच्चे को चाहिए वह संबंध के बाहर किसी स्रोत से अलग तरह से पहुँच सकता है। यह विनम्रता थी।

आपका बच्चा इसके कुछ हिस्सों से असहमत हो सकता है। वह इसे अलग रख सकता है और बाद में वापस आ सकता है – हफ्तों में, या वर्षों में – उस क्षण में जब कोई पृष्ठ अलग तरह से उतरे। यही समझदारी काम करती है। यह हमेशा उस क्षण में नहीं आती जब पेश की जाती है। यह उस क्षण में आती है जब व्यक्ति इसे स्वीकार करने के लिए तैयार हो।

आपका काम उन्हें तैयार बनाना नहीं है। आपका काम यह सुनिश्चित करना है कि जब वे तैयार हों तो समझदारी उपलब्ध

हो। आपने यह कर दिया। यह सूत्र कभी नष्ट करने के लिए अभिप्रेत नहीं था।

युवावस्था, पैसा और आज़ादी – अलग-अलग और एक साथ – असाधारण उपहार हैं। समस्या कभी उपहार नहीं थी। समस्या उस एक चीज़ का अभाव था जो उपहारों को उत्पादक बनाती है: समझदारी।

अब जागरूकता है। नक्शा है। आठ सत्य हैं।

तूफान जिसका इस पुस्तक ने वर्णन किया – वह वास्तविक है। परंतु प्रकाशस्तंभ भी वास्तविक है।

आप उसमें खड़े हैं। जाएँ – और बनाएँ

युवा + पैसा + स्वतंत्रता + समझदारी

=

आपके जीवन का सर्वोच्च स्तर

अब जाइए – और इसे बनाइए।

मुख्य सीख

• फ़ॉर्मूला कभी दुश्मन नहीं था।

जो कमी थी, वह चौथा तत्व था।

युवा + पैसा + स्वतंत्रता + समझदारी = आपके जीवन का सर्वोच्च स्तर।

• जिन लोगों का "क्रैश" हो चुका है – वह अंत नहीं, एक पाठ्यक्रम था। उसके साथ ईमानदारी से बैठो। जो तुम्हारे नियंत्रण में था और जो नहीं था – उन्हें अलग करो।

संरचना बनाने से पहले नींव को फिर से बनाओ।

और उस अनुभव को अपनी पहचान नहीं, अपनी ताकत बनाओ।

• विरासत कोई मूर्ति या इमारत नहीं है। वह है – वे लोग जिनकी आपने मदद की, वह नींव जो आपने बनाई, वह इंसान जो आप बने, और वह समझदारी जो आपने आगे बढ़ाई।

• एक युवा व्यक्ति के लिए – जागरूकता शुरुआत है।

फ़ॉर्मूला आपको परखेगा। जब ऐसा हो – इन आठ सच्चाइयों पर वापस आना।

• एक माता-पिता के लिए – आपका बच्चा आज तैयार न भी हो। आपका काम है कि जब वह तैयार हो, तब समझदारी उपलब्ध हो। आपने वह कर दिया है।

• तूफ़ान असली है। लेकिन प्रकाशस्तंभ भी असली है। आप अभी उसी के बीच खड़े हैं। अब आगे बढ़िए – और निर्माण कीजिए।

अंतिम बात

तूफान हमेशा थमता है – सुनिश्चित करें कि आप खड़े हों

हर तूफान थमता है। हर वित्तीय संकट, हर विफल व्यवसाय, हर भ्रम और हानि और पुनर्निर्माण का दौर – थमता है। यह आशावाद नहीं है। यह केवल समय की प्रकृति है।

प्रश्न कभी यह नहीं कि तूफान समाप्त होगा या नहीं। प्रश्न यह है – क्या आप तब भी खड़े होंगे जब वह होगा।

खड़े रहने का अर्थ अलग-अलग चरणों में अलग-अलग होता है। प्रारंभिक चरणों में – सब कुछ खोने से पहले सीखने का समय मिले। मध्य चरणों में – उस लंबे कठिन दौर में हार न मानना। बाद के चरणों में – सफलता को – जब वह अंततः आए – उस अनुशासन और मूल्यों को नहीं मिटाने देना जिसने उसे उत्पन्न किया।

सबसे बड़ा निवेश जो आप कभी करेंगे – किसी व्यवसाय में नहीं, शेयर में नहीं, संपत्ति में नहीं। वह उस व्यक्ति में है जो बाकी सभी निवेश जीवन भर करेगा। पहले उस व्यक्ति में निवेश करें।

यह पुस्तक यहाँ समाप्त होती है। परंतु आपकी कहानी नहीं।

सूत्र आपका है – चारों तत्वों के साथ। जागरूकता आपकी है। नक्शा आपका है। आठ सत्य आपके हैं।

जो आप उनसे बनाएँगे – वह उस संस्करण का है जो आप दस वर्षों में होंगे। वह संस्करण जो इस क्षण को देखकर समझेगा क्यों जो बाद में हुआ वह अलग था।

उस संस्करण को गर्वित करें।

तूफान वास्तविक है।

और उसके दूसरी तरफ जो है – वह भी वास्तविक है।

जाएँ।

लेखक के बारे में

Harjindersingh Saini

B.E. (E&TC) / Independent Research Analyst / Trading Mindset Coach / Author

---

Harjindersingh Saini एक Independent Research Analyst और ट्रेडिंग माइंडसेट कोच हैं, जो महाराष्ट्र के धुले जिले से हैं। वित्तीय बाज़ारों में उनका दस वर्षों से अधिक का अनुभव है। उन्होंने इलेक्ट्रॉनिक्स और दूरसंचार में इंजीनियरिंग स्नातक की डिग्री – B.E. (E&TC) – पूर्ण की है।

उनकी व्यावसायिक यात्रा किसी भी सामान्य मार्ग से अलग रही है। इंजीनियरिंग पूर्ण करने के बाद उन्होंने महाविद्यालय स्तर पर व्याख्याता के रूप में काम किया – फिर पारिवारिक व्यवसाय में संक्रमण किया। वह व्यावसायिक अध्याय – वास्तविक इरादे के साथ परंतु अपर्याप्त वित्तीय ज्ञान के साथ निर्मित – उनके जीवन की सबसे महँगी और सबसे मूल्यवान शिक्षा बन गई। 2012 से 2017 के बीच व्यवसाय में जो हुआ वह ट्रेडिंग में

दोहराया गया – वही पैटर्न, वही गलतियाँ। परंतु ट्रेडिंग ने अंततः उन्हें आईना दिखाया। इसने न केवल पैसा खर्च किया – इसने ऐसे वास्तविक जीवन के पाठ सिखाए जो कोई कक्षा नहीं सिखा सकती।

आज, Harjindersingh full-time स्टॉक मार्केट ट्रेडर और ट्रेडिंग माइंडसेट कोच के रूप में काम करते हैं। उन्होंने व्यक्तिगत रूप से पाँच सौ से अधिक छात्रों को ट्रेडिंग, धन प्रबंधन और वित्तीय निर्णय लेने की मनोवैज्ञानिक और व्यावहारिक वास्तविकताओं के माध्यम से मार्गदर्शन किया है।

उनका मानना है कि अधिकांश शुरुआती जीवन की वित्तीय विफलताएँ बुद्धिमत्ता या प्रयास के बारे में नहीं हैं। वे उस अंतर के बारे में हैं – जो एक व्यक्ति के पास संसाधन हैं और उन्हें अच्छी तरह उपयोग करने की समझदारी के बीच। यह पुस्तक उस अंतर को बंद करने का उनका प्रयास है।

10+ वर्ष वित्तीय बाज़ारों में

500+ छात्र कोच और मार्गदर्शित

SEBI Certified Research Analyst

लेखक से जुड़ें

YouTube: youtube.com/@tradewithjindu

Instagram: instagram.com/jindu_official

Facebook: facebook.com/jindu7987

Email: harjinder7987@gmail.com

यदि यह पुस्तक उपयोगी रही – किसी और को दें।

सूत्र उन सभी को पकड़ता है जो बिना जागरूकता के प्रवेश करते हैं। किसी को नक्शा दें।

आभार

मैं हर उस व्यक्ति का आभारी हूँ जो मेरी यात्रा का हिस्सा रहा – न केवल उनका जिन्होंने सहयोग किया, बल्कि उनका भी जिन्होंने चुनौती दी, उन परिस्थितियों का जिन्होंने तोड़ा, और उन अनुभवों का जिन्होंने पुनर्निर्मित किया।

यह पुस्तक आप सभी की है।

– *Harjindersingh Saini*

www.ingramcontent.com/pod-product-compliance
Lightning Source LLC
LaVergne TN
LVHW090406210926
848480LV00002B/478